FENICS

Fieldworker's Experimental Network for
Interdisciplinary CommunicationS

100万人のフィールドワーカーシリーズ

災害フィールドワーク論

木村周平・杉戸信彦・柄谷友香 編

古今書院

5 巻のフィールドワーカーの調査地

数字は章番号，地名は各章での表記に合わせています．

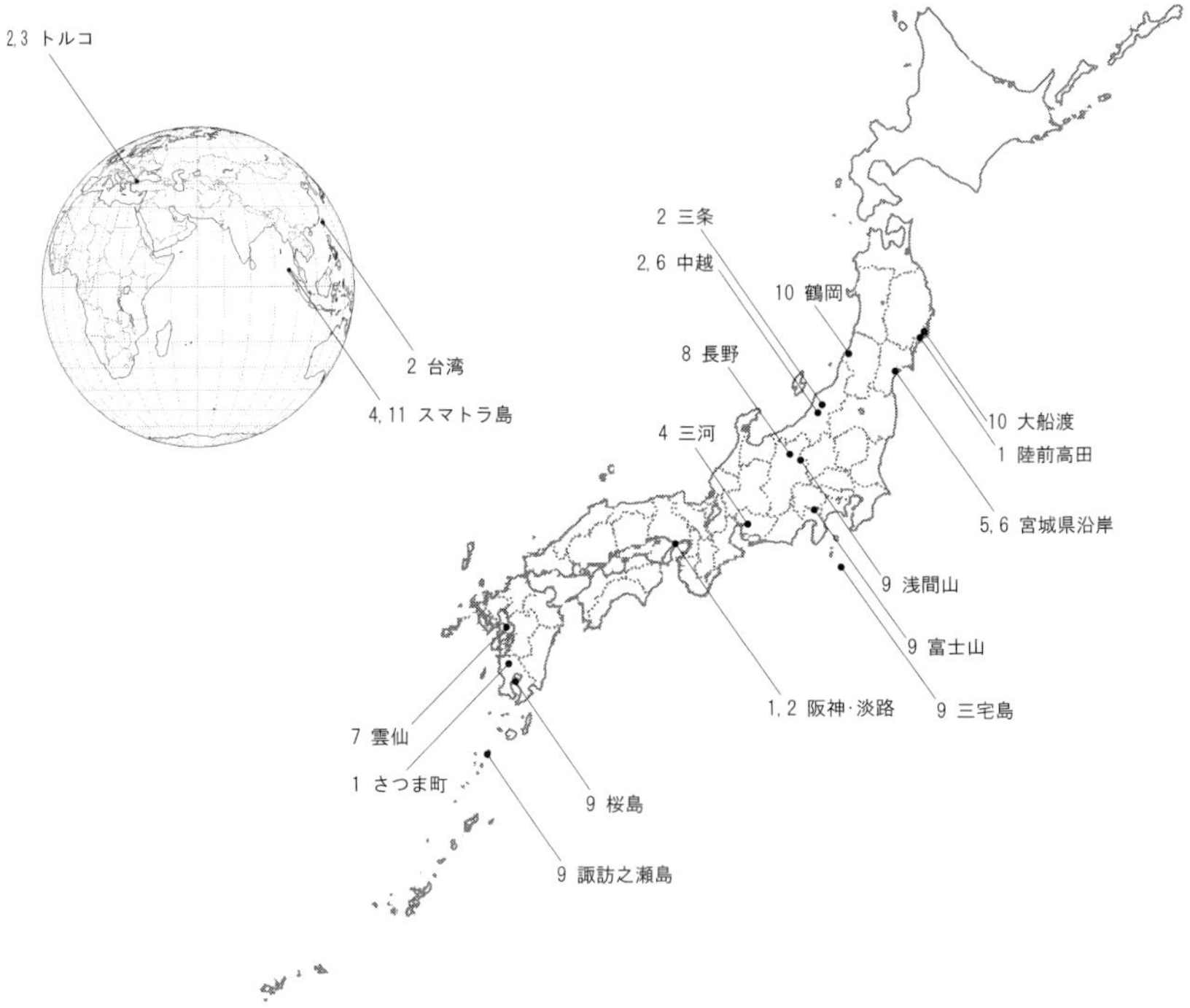

Million Fieldworkers' Series vol. 5

Emerging Approaches to Fieldwork on Hazard and Disaster

Edited by Shuhei KIMURA, Nobuhiko SUGITO and Yuka KARATANI

Kokon-Shoin Publisher, Tokyo, 2014

FENICS

100万人のフィールドワーカーシリーズ 創刊にあたって

フィールドワークは、世界中に自らおもむき世界を探究する方法である。現在日本にはさまざまな分野でフィールドワークを行うフィールドワーカーたちがいる。彼らは世界中で得難い経験を積み重ねてきた。だが、その経験は残念ながらあらゆる分野や学界・産業界の壁を越えて広く伝わっているとは言い難い。

このシリーズを企画したのは研究者フィールドワーカーたちが立ち上げたグループFENICS (Fieldworker's Experimental Network for Interdisciplinary CommunicationS：NPO法人として申請中) である。フィールドワークに興味がある人、これからフィールドワークをしたいと思っている人、ほかの分野のフィールドワークの知識や技術を学びたい人、フィールドワーカー同士で役立つ情報を交換したい人すべてに、私たちの経験を届けたい。そんな思いをもつ私たちの活動に賛同してくださった古今書院の関秀明さんのバックアップにより、15巻に及ぶ、あらゆる分野を横断するフィールドワーカーシリーズが発刊される運びとなった。

私たちFENICSは、フィールドワークの方法や視点、思考を互いに学び議論しあい、また地域に特有な情報、経験知などを交換したい、と活動し始めた。立ち上げにかかわったのは自然地理学、雪氷学、社会−文化人類学、人類生態学、民族植物学、地域研究といった、まさに分野を横断するフィールドワーカーたちだ。人が人をつなぐことで出会った私たちは、それぞれのフィールド話、研究活動の話に湧き、ネットでは得られない情報を、そして生きるエネルギーをお互いもらってきた。この知的興奮を、研究者の世界だけに閉じず、もっと多くのフィールドワーカー、さらに外の世界に関心のある産業界をはじめ幅広い方々に伝えたい。そしてFENICSの輪に入ってもらい、ともに経験したい。そうすればフィールドワーカーの計り知れない豊かな経験知があらゆる分野、業界につながり新たなもの／モノを作り出せるのではないか——。そんな希望を、私たちは持っている。

本シリーズは、まさにそのはじまりである。フィールドワーカーになりたいあなた、他分野から異なる発想を得たいあなたも、ぜひFENICSのムーヴメントに参加しませんか (くわしくは巻末の奥付をごらんください)。

FENICS代表　椎野若菜

PartⅢ

地域の個性から災害を理解する

イントロダクション　災害フィールドワーク論

木村周平・杉戸信彦・柄谷友香

災害という問題

20世紀以降、世界的に自然災害の発生数や被災者の数が急速に増加しつつあります。それにともない、災害によって被害を受け苦しむ人びとも増加しています。今後予測される大規模な気候変動の影響によって、災害がますます、人類にとって重要な問題となってくることは間違いないでしょう。

このことは、日本も例外ではありません。いやそれどころか、よりいっそう深刻な問題として浮かび上がります。１９９５年の阪神・淡路大震災、２０００年の三宅島の噴火、２００４年の新潟県中越地震、そして毎年のように起きる台風やゲリラ豪雨による水害。何より、２０１１年に発生した東日本大震災は、いまだ東北や北関東の太平洋沿岸部を中心に、大きな影響を与え続けています。加えてこれから数十年の間に、首都直下地震や南海トラフ地震などの巨大な地震の発生も予想されています。高齢化が進むのみならず、人口全体の減少が見込まれる日本で、どのように災害に対応していけばよいのか、これはきわめて大きな課題です。

本書は、こうした課題としての災害に対し、読者が自ら取り組むための手がかりとなるべく、多様な研究分野からのアプローチを集めたものです。災害は、ある地域社会において、自然的・社会的環境の変動がそこで暮らす人びとの対応力を越えてしまうことで姿を現します。その意味で、自然災害の被害軽減のためには、自然的なメカニズムの理解と社会的な対応力の向上の両方が必要です。そこで重要になるのは、狭い学問領域にとどまらず、問題に合わせて多様なアプローチを組み合わせていくことだと、私たちは考えました。このため本書では、人文社会系・理学系・工学系と異なる背景をもち、今現在それぞれの現場で（本シリーズの他の巻と比べて日本国内が多いですが、海外におけるフィールドワークもあります）実際に災害という問題に取り組んでいる研究者が集まり、いままで行ってきたフィールドワークについて紹介することにしました。

本書の目指すもの

本書の執筆者たちは、災害を自分のフィールド、すなわち研究の対象として、そこに出かけていき、そこに広がるさまざまな現象、人びとの言動と深くかかわりあい、そこで得たものを学問的な知見としたり、一般向けに公表したり、社会的な仕組みとして実用化したりします。災害は繰り返し起きる現象であると同時に、そのたびごとに個別性をもった現象でもあり、研究は両側面に配慮しながら進められます。ある人は被災直後の緊急期に焦点をあて、対応の問題点を明らかにし、また被災者・対応者を支援しようとします。別の人は、より長期的な、復興から防災へというプロセスを視野に入れて社会のあり方をデザインしようとします。また別の人は、断層に残された痕跡や古文書を通じて、人間の時間軸を超えて災害を理解しようとします。各章には、どのように現場とかかわり、どのような時間・空間的なスケールのなかで知を生み出し、またそれをどのように社会に伝えようとしているのかが、執筆者それぞれの立場から書かれています。

こうした点について、本書では、調査を通じて得られた事実をその分野で認められている手続きに従って示すという論文や教科書のような形式で提示するのではなく、執筆者自身を登場させ、その失敗や驚き、試行錯誤も含め、〝メイキング映像〟的に描くように心がけました。これに対して、とりわけ理系の執筆陣から「難しい」「恥ずかしい」という声も出ました。しかし、あえてつっこんで書いてみたことで、フィールドでどのように行き詰まったのか、人びととのかかわりのなかでどのような悩みに直面したのか、そしてそれらにどう対処したのかという、フィールドワークを実際に行ううえできわめて重要な側面において、分野を越えた共通性を見出したり、別の分野でのやり方から学んだりすることができるようになったと思っています。

災害をフィールドワークする人びとのなかには、自分のよく知っている人びとや地域が災害に見舞われたことで、問題としての災害にいわば「巻き込まれて」いく人もいますし、あくまでも研究対象だとしてフィールドとの距離を保つ人もいます。現場から何を持ち帰り、どう成果を還元するかも、人それぞれです。こうした差異について、私たちは本書の全体を通じていずれかを唯一の正解として示すということはしていません。これはフィールドワーク一般に言えることで、答えは、フィールドワーカー自身が、時に迷惑をかけたり叱られたり、あるいは協働したり感謝されたり、という現場との濃密なかかわりを通じて、見いだしていくものなのだろうと思うからです。

本書を読んでいただくとわかりますが、何人かの執筆者は学生時代に阪神・淡路大震災を目の当たりにし、それによって大きな影響を受けています。東日本大震災から3年半後に刊行される本書が、「ポスト東日本大震災」世代のフィールドワーカーにとって、これからどのように歩を進めていくかを考えるための実際的なヒントになることができれば幸いです。

Part I

試行錯誤しながら考える

Part I の執筆者は研究者としての形成過程において災害に出会い、その向き合い方を模索してきた。▼阪神・淡路大震災を経験した柄谷は、被災者自らが知識や知恵を取得し、過去の経験に学び、主体的に再建する姿に出会い、この現場のリアリティこそが経験なき者への理解と共感を促す生きた教材になり得ると言う。▼「暮らす町」が被災した澤田は、地元在住の研究者としての役割を模索し奔走するなかで、地元に長く寄り添い、潜在化してきた地域課題を解決しうる復興計画づくりを目指す。▼「日常」から災害をとらえようとする木村は、現場での出会い一つ一つを通じて当事者の災害との向き合い方を考察する。▼林は理系と文系の協働を通じて被災者の経験をとらえようとする。ここには狭い学問領域を越えた試行錯誤が「気づき」と「教訓」を導くさまが描かれる。

1 「被災するということ」への理解と共感
被災地に学び、防災に生かすためのフィールドワーク

柄谷 友香
KARATANI Yuka

「ポスト阪神・淡路大震災世代」

1995年1月17日、阪神・淡路大震災が発生。その時私は、兵庫県尼崎市内の入院先で揺れを経験した。自家発電装置が作動し、薄暗い院内で、人工呼吸器などの医療機器の異常音が鳴り響き、患者は泣き叫び、当直の医師や看護師が声かけしながら走りまわる姿を18年経った今でも鮮明に覚えている。

当時、私は工学部土木工学科に所属しており、講義や演習を通じて、わが国におけるハード整備による防災対策を中心に学んできた。前年同日に発生した米国ノースリッジ地震により崩れた高架高速道路を見ながらも、わが国の設計基準や技術力の高さから、「日本ではあり得ない」と若輩の学生ながら信じていた。翌年、阪神・淡路大震災により、道路や橋梁、港湾などのインフラ整備は壊滅的な被害を受け、64万棟もの住家被害、6400名を超える犠牲者を目のあたりにし、「ハード整備の限界」を痛いほど見せつけられた。また、長い入院・闘病生活のなかで、高速道路を行き交う緊急車両、立ち並ぶ仮設住宅を窓の外に見ながら、「被災地にいながら何もできない」自分の不甲斐なさを味わった。このやり切れない被災経験が、奇しくも防災研究を志すきっかけとなった。

この未曾有の経験を踏まえ、政府を中心にこれまでの防災対策の見直しが行われた。ハード整備あるいは公的な防災対策の限界を認め、「減災」という概念のもと、市民ならびに地域や企業との協働のなかで、「共助」を柱として災害に立ち向かう方針に切り替わっていった。また、こうした社会全体の思想の転換に合わせて、「防災学」という新たな学問体系の重要性も唱えられてきた。すなわち、地震の予知・予測や頑強なインフラ整備といった理工学的な視点から、長期にわたる被災地の復興や被災者の生活再建までを見据えた社会学、心理学、経済学など社会科学分野との学際的なアプローチへの転換が図られたのである。

阪神・淡路大震災後に防災を対象とした当時の若手研究者は、しばしば「ポスト阪神・淡路大震災世代」と呼ばれた。私もそう呼ばれた一人だ。阪神・淡路大震災を契機に、兵庫県と内閣府により「阪神・淡路大震災記念　人と防災未来センター」が設立された。震災の経験を語り継ぎ、その教訓を社会に生かすことをミッションとした「減災社会の実現」をめざすわが国初の機関である。その専任研究員の1期生として、私を含む「ポスト阪神・淡路大震災世代」7名が着任した。当時、津波工学、都市計画、社会心理学、経済学と異なる基礎分野で育ってきた若手研究者が、この共通の目標に向けて、寝る間も惜しんで侃々諤々議論し、現場に還元し得る学際的かつ実践的な研究に取り組んできた。私の場合、1年半という短い期間ではあったが、研究スタイルの礎を成す貴重な機会であった。

また、研究者のみならず、実務者も含めた多様な基礎分野にかかわる人たちが知識や知恵を横断的に活用し合う学際的コミュニティが形成され、そのなかで育ってきた背景もある。ひとたび災害が起これば、基礎分野を異にする研究者らとともに現場に向かい、住民、企業、ＮＰＯ、行政など多様なステークホルダーの声に丹念に耳を傾け、災害像を共有し、現場での課題解決に努める。一方、被災自治体の災害対応業務への支援や被災者とのまちづくりといった現場でのステークホルダー相互の協働・実践を通じて、そこから得られた教訓を次の災害に生かしていく。さらには、こうした実学を通じて、「防災」という学問体系のあり方そのものを切磋琢磨して議論する。振り返れば、災害現場とのつきあい方は、こうした若い頃の経験が影響しているように思う。

本稿では、このような研究スタイルのなかで行ってきた2つの事例を挙げ、「被災地に学び、防災に生かす」ためのフィールドワークの役割と可能性について検討したい。

被災地の再建までを支える地域のチカラ ―― 鹿児島県北部豪雨（2006）

2006年7月に発生した鹿児島県北部豪雨により、939戸の床上・床下浸水など甚大な被害を受けたさつま町での6年間の調査研究をふり返ってみたい（柄谷・高島2010）。

「今般の水害はダムによる人災である」。水害直後、被災者の強い言葉が聞かれた。これを受けて、訴訟を含めた原因追及のための被災者協議会が発足された。2000年9月の東海豪雨をはじめ、私は何度となく水害訴訟の現場を訪ね、原告・被告それぞれに接する機会をいただいた。裁判は判決が出るまでに多くの時間・費用を要し、住民側および行政側ともに多くの負担を要する。また、提訴しない被災者との地域内での公平感の歪みや、その後の災害に強い川まちづくりを協働すべき住民と行政間の距離が乖離し、来るべき水害に対する地域防災力向上の機会を逸しかねないことがわかってきた。

さつま町でも訴訟を起こそうという動きがあり、被災者の生活再建や河川改修事業などに影響が及ぶことを危惧していた。ところが、最終的には住民が自ら訴訟を回避し、住民と行政がその後の川まちづくりに向けて連携していったのである。

まず、被災者協議会長らは、1972年同地区での水害訴訟敗訴の経緯とその弊害をすぐさま情報収集し、裁判による「補償」でなく、災害にかかわる「支援」を最大限活用したほうが地域全体にとって得策と判断している。すなわち、河川管理者らと裁判で対立するのではなく、コミュニケーションの機会をたびたび設け、被災者支援に関する法制度やダム操作など治水事業に関する知識を取得しながら、行政との協働による着実な再建プロセスを辿ってきた。

水害から7年が経ち、河川改修事業の完了に合わせ、地元の中核となる被災者協議会長らに当時をふり返ってもらった。

「当初は、訴訟とか補償とかいろいろ言われたけれども、過去の事例から勝つ見込みがないのです。被災者協議会では、二度と水の来ない住みやすい地域を早くつくることをめざしました。そのためには、まずは自分たちでできることをやって、できない部分を行政にお願いする。たとえば、現地対策本部の運営やボランティアの受け入れ、家屋移転にともなう不安の解消などは得意な地域で対応して、私たちにできない部分を地域の総意として行政に要望していく。その分、行政には行政の得意な部分をしっかりやってもらう」。

6年前、初めてお会いした時と変わらぬこの言葉に、地域の総意と願いを叶えるという信念の強さと、被災地の再建までを支える地域のチカラ、そして、行政を含むステークホルダーの自律と連携の大切さを再認識した。

南海トラフ地震や首都直下地震による甚大な被害が想定されるなか、行政の機能が著しく低下することも想定される。〝被災者〟にもなり得る市民ひとり一人、そして地域というコミュニティだからこそできる役割を担い、行政や企業などと互いに一定の信頼感を保ちながら連携することが、全体としての防災力を高める。このさつま町での経験が東日本大震災での「被災地に暮らす」フィールドワークへの動機となった。

東日本大震災における「問い」──フィールドワークへの動機

２０１１年3月11日、東日本大震災が発生。あの時、私は、国土交通省中部地方整備局で防災担当者らと大規模災害時の広域避難について検討している最中であった。めまいかと思った瞬間、数分にわたる長く大きな揺れが続いた。すぐさまテレビやラジオがつけられ、三陸沖を中心とする巨大な地震・津波が発生したことがわかった。

可能な限りの情報収集と装備を携え、その2日後、私は一人レンタカーを走らせ、群馬から日本海側を経由し、新潟、秋田を通って八戸にいた。約1カ月半をかけて、宿泊が可能な盛岡や一関、仙台を拠点に、道路啓開を確認しながら、宮古市、大船渡市、石巻市、亘理町を順次訪問し、現地での支援活動を通じて、ひたすら現場で起こっていることを記録し続けた。その後、4月になって後に紹介する陸前高田市で長期滞在することとなる。発災直後から長期にわたり現場と向き合ってきた背景には、これまでの調査研究に裏づけられた「問い」があり、その検証のなかにこそ、今後の減災社会の実現に向けた大きなヒントがあると考えていた。

戦後発生した自然災害において、とくに阪神・淡路大震災以降の災害では、暗黙のうちに〝被災地は再建する〟ことが前提となってきたのではないか。ところが、東日本大震災は、あまりに強大な自然外力の前には、〝地域(少なくとも行政主体)の再建能力を超える〟災害が起こり得ることを顕示した。

私は、これまでの調査研究を通じて、いわゆる「自助」、「共助」、「公助」は対等ではなく、超広域大規模災害においては「公助」が最初に限界を迎える可能性を示唆したうえで、それを補う「自助」、「共助」の役割分担と連携の重要さを提起してきた。その際の「公助」に対する主な着眼点は、発災後の被災者支援など大規模な業務発生にともなう行政能力に対する過大な負荷であった。しかしながら、東日本大震災の最大の課題は、業務量自体が膨大なだけでなく、自治体職員の死亡や庁舎の崩壊など被災自治体自体も人的・物的に大きく被災し、災害対応能力が著しく失われたことであった。このような状況では、他府県など外部から行政能力を支援しようにも、支援される側の機能の損失が甚大な余り、業務を指示することさえ負担となり、発災当初は必ずしも有効に機能しない状況が各所でみられた。

こうした状況では、「行政＝支援する側、住民＝支援される側」の構図が成立せず、従来「公助」が担ってきた部分をも被災地域自体の「自助」、「共助」で担わなければならない事態となる。すなわち、外部からのノウハウの提供など行政対応力の強化だけでは被災者支援につながらず、被災者自身が生活再建に必要な知識や知恵、ノウハウを学びながら、いかに主体性を発揮できるか（「中核被災者」と呼ぶ）が真に問われているのではないか、と。これが、陸前高田市を訪れた初日の野帳に記した「問い」であった（図1）。

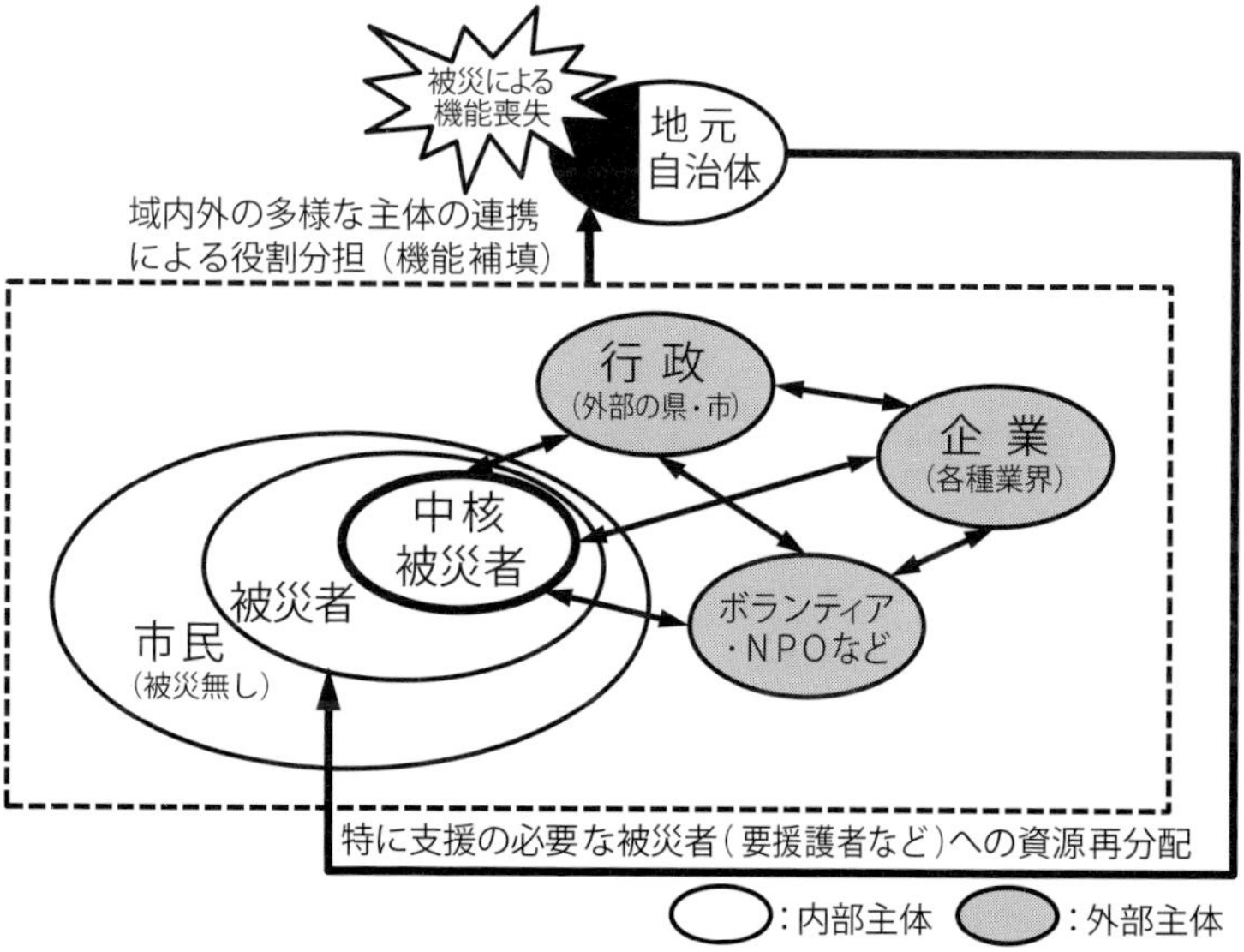

図1　超広域大規模災害における「中核被災者」の役割と可能性
柄谷（2013）.

壊滅的な被害を受けた陸前高田市との出会い

私が陸前高田市を訪問したのは、発災から1カ月半後の4月27日であった。同市の沿岸部は広範囲にわたり津波の襲来があり、建物用地の43％が浸水、死者・行方不明者は１８１３名、被災戸数は３３６８戸（消防庁災害対策本部、第１４８報）に上った。低平地にあった元の市庁舎は鉄筋コンクリート3階建（一部4階建）で、津波は市庁舎屋上まで到達し、市民の避難誘導などにあたっていた職員68名が犠牲となった。震災前、陸前高田市の中心市街地は低平地に形成されており、災害対応の中心となる市役所、消防署、警察署なども壊滅的な被害を受けた。失われたまちの惨状に言葉を失った。

この頃には、高台にある鳴石団地にプレハブ造の仮設庁舎が設置され、死亡届や罹災証明を受け取る市民で行列ができていた。不眠不休で対応する市職員からは、避難所に戻る暇もなく、身内の安否確認すらできない状況も聞かれた。ここでは、災害対応を迫られる市職員、消防署員や団員も、いわゆる〝被災者〟なのである。「みんな同じだから」。ここで出会った多くの人たちから、互いを思いやる気持ち反面、その落胆したような表情からは諦めにもとれるこのフレーズを何度聞いたことかわからない。

発災後1カ月半、被災地でのボランティア活動を通じて、被災者の生活実態を把握してきた。発災直後の被災地は、人命救助や瓦礫撤去、ライフラインの復旧作業などに追われ、非常に混乱する。外部者がむやみに現場を視察することは、その妨げになる可能性がある。これに対する現場との一つのかかわり方として、ボランティア活動がある。２０００年の東海豪雨やそれ以降の災害現場に出向くときには、視察や調査の前にボランティア活動に参加してきた。かつての研究室の恩師らもまた、現地調査に入る際には、調査者でありながらも、いつでも被災者の手伝いができる用意をしており、その背中を見て学んできた。

ボランティア活動の原点は、被災地や被災者の再建に一人の人間として役立ちたいというのが第一義であることは言うまでもない。その一方で、調査者の立場としての副次的な利点もある。たとえば、社会福祉協議会などが運営するボランティアセンターには、地区ごとの被災状況や被災者ニーズが地図上に集約されるなど、被災状況をリアルタイムに俯瞰することができる。また、時には、避難所や市役所など派遣先の作業や依頼主との何気ない対話を通じて、被災者の置かれた状況を教えていただくこともできる。

陸前高田市とのかかわりも、まずは、ボランティアセンターへの訪問から始まった。ボランティアセンターは、市北部に位置する横田町に複数のプレハブを組み合わせる形で設置され、社会福祉協議会職員やＮＰＯなど各地からの支援者で運営されていた。私は、氏名や住所などの連絡先、資格や職業、現地滞在期間など必要事項を記載した後、受付担当者から活動内容がいくつか提示された。いずれも避難所運営にかかわるニーズで、ＮＧＯによる子どもの遊びを支援する内容や、行政がかかわる大規模避難所への物資運搬作業などがあった。そのなかから、私が迷うことなく選んだのは、地元公民館において自主防災組織が運営する避難所支援であった。その理由は先の「問い」にあり、「行政（公助）の手がまわらない避難所運営における自主防災組織や避難者（自助・共助）の役割」の実態と可能性を学ばせていただくことにあった。

派遣先であるA避難所に到着し、自主防災組織のメンバーに挨拶した後、小さな公民館内に案内された。初日の業務内容は、高齢者の話し相手、子どもたちとの給水活動であった。当時は水道の復旧が遅れており、避難所脇に停めてくれた自衛隊給水車からポリタンクに水を汲み、高齢の在宅避難者には一輪車を使って配給していた。一日の仕事を終えた帰り際、高齢者や子どもたちから「明日も来てくれるよね」と言われ、「うん、また明日ね」。結局、このやりとりが毎日続き、A避難所が閉所するまでの3カ月間、通わせてもらうことになった。

さて、行政不在のなか、いわゆる〝被災者〟でもある地元の自主防災組織と避難者らで、いかに避難所を立ち上げ、運営し、閉じたのか。決して順風満帆ではなく、時には行政と、そして避難者同士がぶつかり合い、苦渋の決断を迫られることもあった。私自身は、非被災者かつ調査者という特異な立場であり、被災者で構成された避難所は、同じ境遇にない互いの思いや違和感をぶつけ合いながら、互いに理解し、共感する作業を長らく続けてきたように思う。

たとえば、会話の途中で方言がわからない私を笑いながら、女性たちがケセン語集をつくってくれた。また、限られた資源のなかで生き抜くための避難所ルールやノウハウを夜な夜な語ってくれた。時には、自衛隊による仮設風呂の入浴や遺体安置所廻りにも誘われた。非被災者である私に、「被災するということ」、「被災地での日常」を経験させた後、「同じような思いはさせたくない」と何度言われたことかわからない。こうしたプロセスは、互いの信頼感を築かせ、「被災するということ」に対する経験なき者への理解や共感を与え、それこそが次の災害に生かされるべき教訓となり得るのではないかと考えている。

以下には、共に〝被災者〟である自主防災組織および避難者とのやりとりや観察を記述してきたメモを起こして、避難所運営を乗り越えた実態と、知恵やノウハウ、そして課題について述べてみたい。

「被災者（自主防災組織）」による「被災者（避難者）」のための避難所運営

（1）発災当日——A公民館の「避難所」としての開設・運営

3月11日14時46分、自主防災会会長、副会長、事務局長は役員会の開催中、立っていられないような非常に強い揺れを感じた。揺れが収まった後、A公民館（市の指定避難所ではないが避難所として機能、後に災害救助法上の認定を受ける）に駆けつけ、食器などの落下物を片付けながら、15時には低平地から上がってくる避難者受入を想定し、開所した。15時半には、A自主防災会メンバーはA公民館に参集し、15時45分頃には避難者の受入を開始した。A公民館には、約300名の避難者が徒歩や車で参集し、うち195名は会館内の広間、和室、ステージ、廊下を埋め尽くし、あとの車30台約100名は駐車場で車中避難となった。A町内会は高台にあり、津波を免れたため、避難者のほとんどが異なる複数の町内会住民であり、面識もなかった。

まず、事務局長の指示に従い、広報班（女性3名）と炊き出し班（町内女性の動員）を中心に活動を開始した。そもそもA公民館は指定避難所でなく、食糧や物資の備蓄がないため、米などの食料、ローソク、毛布、だるまストーブの提供を町内会住民に呼びかけた。地域柄、農家が多く、各世帯に米のストックの提供者が多く、また、地域内に貯水槽があったため1週間分の水は確保できた。その際、停電ながら、精米には公民館前の工事現場にある発電機が利用できた。A町内会住民らは、家屋は残ったものの、家族の安否確認ができず、ライフライン（電気・ガス・水道）も停止するなかで、避難所避難者への物資提供などを率先して行ってきた（写真1）。

一方、小学生らの保護者が今後A公民館に安否確認に来ることを想定し、広報班の女性一人が医療

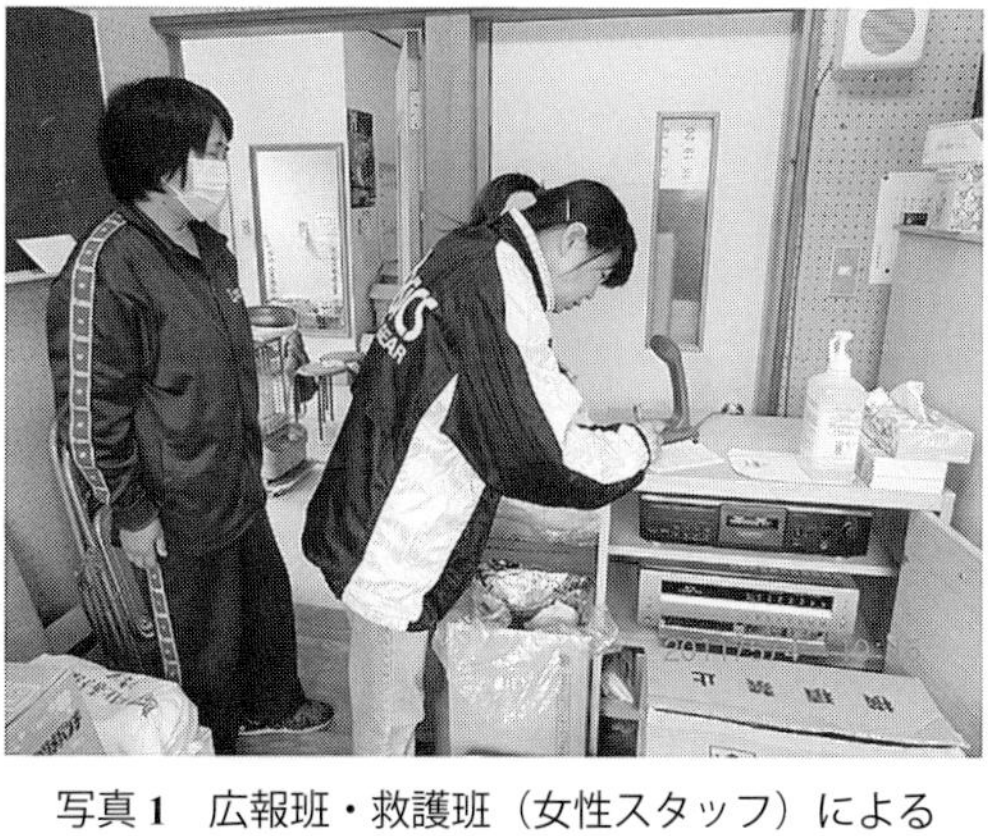

写真1　広報班・救護班（女性スタッフ）によるきめ細かな避難者対応

施設や高齢者施設に出向き、子どもたちの避難者名簿（ひらがなフルネーム書き）を作成した。予想通り、夕方以降、保護者らが安否確認に訪れ、「Bちゃんは、C病院に避難していますよ」という情報が安心情報につながり、危険をともなう浸水域での捜索活動をとどめさせた。また、17時頃、A公民館においても、懐中電灯をもってひとり一人の氏名を確認しながら、避難者名簿を作成した。その際、広報班とともに、救護班（看護師有資格者）が避難者ひとり一人に声かけを行い、顔色、熱や血圧など避難者の体調の変化を確認してまわった。そこでは騒ぐ様子もなく、寒さと恐怖、疲労のため、一様に顔面蒼白であり、かける言葉に迷ったという。

（2）発災後から1週間 ——避難者のための健康・衛生管理

発災翌日には、救護班3名（現役看護師1名、元看護師2名）による健康相談窓口が開設された。従来、A公民館の舞台袖にある3畳ほどの部屋で、町内会への放送設備、事務机とイスが備えられていた。健康相談を受ける際のプライバシー保護などに配慮し、ドア付の部屋が選定された。「健康相談」の貼り紙をし、用件のない人は自由に出入りできないようにした。そこでは、血圧や熱を毎日測定し、簡易カルテに記録し、生活や健康不安に関する相談を受けた。ただし、医師や薬剤師は不在であることから、現場で判断できない案件には、日本赤十字社が滞在するE避難所や県立大船渡病院への搬送対応を行った。避難者のなかには、避難時の恐怖と先の見えない不安から、血圧の多少の変化や持病の悪化を過剰に訴える者も多かったが、医療施設も限られる中、緊急性のない場合は、避難者の声にできる限り耳を傾け、「大丈夫。いつもと変わりありませんよ」と手を握り、避難者が安心できるように配慮する場面もあった。こうした対応により、血圧や精神が安定するケースもあった。

3月17日、D医科大学の支援チームがA公民館に来訪し、避難所環境に関する指摘を受けた。主な意見は、面積あたりの高齢避難者が多いため、インフルエンザや食中毒などの感染症の危険性であった。また、同日、市内最大のE避難所で行われた避難所代表者会議において、自宅や親類宅など家屋が残っている人は、ライフラインが回復していなくても避難所避難者とは認めないように指示があった。その含意は、避難所での避難者数をできる限り減らし、衛生環境を改善するとともに、避難所運営者の負担を軽減させることであった。

これらを受け、A自主防災会では、避難所避難者および在宅避難者に対して2つの対応を行った。一つは、A公民館の避難者全員（世帯代表）に対して、個人面談を実施し、一時的にでも滞在できる家屋がある人には移ってもらうよう要請した。なお、今回の個人面談に限らず、避難者からの相談には、後の相互関係を良好に保つため（事実関係が曲がる場合がある）、必ず2名以上で対応・記録するように工夫している。

もう一つは、在宅避難者への配慮であり、「避難所避難者」同様に物資が公平に配給されるように、A町内会12区の全区長に対して、世帯や親類の安否確認および避難者数を聞き取り、リストを作成するように依頼した。このリストに従い、自衛隊から毎日届く支援物資を在宅避難者に行き渡るよう配給が行われた。

（3）1週間後から1カ月 ――外部支援者による在宅避難者ケア

4月上旬、岐阜県保健師チームが陸前高田市に派遣され、A公民館を含む地区の担当になった。事務局長および救護班は、保健師チームにA町内会各地区の名簿を渡し、在宅避難者の健康調査を依頼した。保健師チームは5日間かけて、全戸を訪問し、生活や健康上の相談を受けた。その結果、対象世帯198のうち、151世帯（残り47世帯は域外避難などのため不在）への聞き取り調査を行い、発災から1カ月間の避難状況と課題について報告された。具体的には、経済的な問題や家族死亡による養育などにともなう家庭不和、介護サービスが停滞することによる精神・健康機能の低下、内服薬の制限や支援物資に頼る偏った食生活による生活習慣病（高血圧、糖尿病など）の悪化、親族や知人を津波で失ったことによる鬱症状など多くの課題が挙げられた。こうした報告は、救護班だけでなく、継続的に派遣される日赤医療チームらとも随時共有・対応してもらった。このような岐阜県保健師チームの活動は、在宅避難者にまで手がまわらない自主防災会の機能を補完する非常に有益な支援であった。見方を変えれば、予告なく来訪する多数の支援者に対して、受援者側から的確なニーズを提示できたことが功を奏したといえる。

（4）1カ月後から6月11日まで——市民主体による避難所運営の限界と課題

A公民館では、自主防災会メンバーの肉体的・精神的な疲れを理由に、4月30日に避難所を閉鎖したい旨を市役所担当者に要請した。支援する側である自主防災会メンバーも、避難者と同様に家族や親類を津波で亡くし、職場被災により仕事を失い、自宅には親類や知人などの在宅避難者を受け入れながらの避難所運営であった。彼ら、彼女ら自身もまた〝被災者〟なのである。市担当者と避難者代表、自主防災会との間で時には激しいやりとりを重ねた結果、市内の避難所運営はどこも厳しく、新たな受け入れ先の確保は難しい状況であり、仮設住宅の入居が決まる時期まで運営を継続することになった。その際、避難者からは「これまで地区の方々の疲れに気づいてあげられなかった」、「新しい場所に移るのは不安だが、いつまでも世話になっていられない」などの自立しようとする声が聞かれた。これを機に、避難所運営を見直し、防犯のための見まわり夜勤や早朝からの受付業務なども避難者自治会で担い、自主防災会の負担軽減に努めた。

5月下旬、避難者21名の仮設住宅入居先が決まった。紙面の都合上、詳述できないが、この経緯では、多忙をきわめる市担当者の配慮や協力も大きかった。6月9日には、自主防災会への労いと感謝の会として、避難者21名により夕食が振る舞われ、これまでの感謝とともに今後の仮設住宅生活に向けた餞が交わされた（写真2）。6月11日、A公民館の清掃から仮設住宅への荷物運搬まで、A自主防災会主要メンバーと避難者との協働で行われた。同日夕方、引越手伝いが一段落し、自主防災会主要メンバーによるA公民館の最終清掃の後、閉鎖を知らせる貼り紙とともに施錠され、避難所閉鎖となった。

写真2　避難者による自主防災会への労いと感謝の集い

「被災するということ」への理解と共感

私がこれまでかかわってきた2つのフィールドワークを通じて、被災地の再建を担う中核となる被災者の存在を取り上げた。そこには、従来の「自助」・「共助」の意味合いに、「災害後の被災世帯、被災地域が、地域の減災・再建に必要な知識や知恵を開拓しながら、主体的に再建を進める」といったニュアンスが加わる。こうした人的資源の活用や能力向上こそが、減災社会における重要な担い手の形成につながるものと考えている。

それでは、具体的にどうすればよいのか。地域の減災・再建の中核を担う人たちに共通する点として、「過去の経験を真摯に学んでいる」ことがある。

たとえば、鹿児島県北部豪雨では、1972年に同地区で発生した水害訴訟の経緯について、また、東日本大震災では、阪神・淡路大震災や新潟県中越沖地震後の避難所運営やその後の再建の課題についてよく勉強されている。いずれの事例も「地域の総意や願いを叶えるためにどうすればよいか」という困難な局面において、過去に被災経験のある外部支援者から「あの時、どうやって乗り切ったのか」に関する知識や知恵、ノウハウを上手に獲得していた。それこそが、被災しない、あるいは被災を乗り切るためのヒントであり、それを教材に事前に学ぶことで災害対応力を高めることができよう。

災害対応や対策にヒントはあっても〝正解〟を見出すのは難しい。災害発生時期、時刻、場所によっても被災状況はさまざまである。しかも、その想定外力が巨大化すればするほど、とりわけ災害経験のない者にとっては、災害像をイメージし難く、それゆえ具体的な対策に結びつかない可能性がある。一方で、災害は繰り返し発生しており、その時さまざまな立場で現場に居合わせた人びと、かかわった人びとが対応に迫られ、被災を乗り越えるための膨大なノウハウが蓄積されてきている。そのなかから、「こうすべき」といった断片的な結果を急ぐのは、不確実性の高い災害時には、時には仇となる危険性を孕んでいる。合わせて、経験のない者が、他者の経験を「わがこと」に置き換えて、行動に移してもらうためのしかけも必要と言える。

被災地に暮らすフィールドワークでは、被災者と調査者（非被災者）という異なる境遇にある者同士が「災害現場」という厳しい環境を共有し、互いの主観をぶつけ合い、「被災するということ」を客観的かつリアリティをもって描き出すことができる。そこには、災害対応の断片的、形式的な記述(形式知)だけでなく、それを乗り越えてきた経験者らの表象化されない知識や知恵、ノウハウ（暗黙知）が含まれ、経験のない者への理解と共感を促す生きた教材になり得るものと考えている。

東日本大震災から3年、復興の途についたばかりだ。今後も現場とのインタラクションを通じて、「被災するということ」、そして「被災を乗り越える」術を生きた教材として語り継ぎ、減災社会の実現に向けて生かしていく。誠に地道ながら、若い頃に与えられたミッションにこれからも挑み続けたい。

参考文献

柄谷友香・高島正典（２０１０）水害後の訴訟回避に向けた地域リーダーの対応と役割——行政と住民をつなぐコミュニケーション・ルールの検討——、「地域安全学会論文集」13, pp. 471~479.
柄谷友香（２０１３）東日本大震災後の地域・生活再建を支える「中核被災者」の役割と可能性——陸前高田市の自主防災組織による避難所運営を事例として——、「名城大学総合研究所総合学術研究論文集」12, pp. 91~98.

2 地域の将来を見据えた復興計画づくり

被災地のバトンをつなぐこと

澤田 雅浩
SAWADA Masahiro

都市のインフラストラクチャーと自然災害

筆者は1995年の阪神・淡路大震災当時、首都圏のはずれに新しく開設された大学院修士課程1年に在籍していた。研究室体制もまだ充実していなかったこともあり、進学後しばらくしてから、学籍のあった大学ではなく、国内留学のような形でお世話になっていた研究室で都市環境に関する研究を進めていた。具体的には新宿副都心の熱エネルギー供給の効率的運用と、その余剰エネルギーの活用といったテーマである。加えて大深度地下の計画研究にも若干携わっていた。震災は、都市のインフラをテーマに先輩や諸先生に指導を受けている最中の出来事であった。

現在の私は、どちらかというと地方都市に軸足をおき、中山間地域や沿岸漁村地域を対象とした自然災害からの復興――とはいえ従前から存在していた地域課題の克服でもある――を目指した計画策定およびその実行プロセスに関心をもち、具体的な研究、実践を行っている。それに比べると、大学院修士課程時代は、ずいぶんかけ離れたことをやっていたようにもみえるだろう。

ただ、少し回り道をしたからこそ自分としてのフィールドとの向き合い方をみつけることができたのかもしれない。機能と効率を高めることを目標に整備されてきた都市基盤施設の多くが阪神・淡路大震災でまったく機能を失ったこと、一方で地域の人材、資材が臨機応変に活躍したこと、そして大きな被害を受けた人びとが自分の問題として復興まちづくりに腰を据えて携わることによって持続的で自立的なまちづくりが進められてきたという現実を知り、さらには海外に輸出されたまちづくりという概念が災害復興に寄与する経緯も知ることができた。だからこそ地域に寄り添いつつ、潜在化してきた地域課題をしなやかに解決していくための復興計画づくりの重要性を実感し、それを最も力を入れてかかわってきた被災地で展開することができたのだろう。そこで多少冗長になるかもしれないが、これまでの調査研究、そして当時の思いなどを紐解きつつ、私が最も力点をおいて携わってきた２００４年新潟県中越地震被災地におけるさまざまな活動を紹介していきたいと思う。

阪神・淡路大震災が大きな意味での都市計画に与えた影響

阪神・淡路大震災は都市計画研究者にとって衝撃的かつ、計画論が大きく変容するきっかけとなった災害である。さらに歴史を遡れば、その他にも計画論に影響を与えた災害はいくつか挙げられるが、少なくとも筆者のように当時大学院生や学部生だった世代にとっては最も重要な転機である。

何が転機だったのか、といえば、それは「トップダウン」すなわち公共的な観点からの都市計画には大きな脆弱性が潜んでいることを目のあたりにしたことによって、草の根、ボトムアップ、住民目線も重視したまちづくりの重要性・必要性を認識せざるを得なかった、ということだろうか。橋脚ごと倒壊した阪神高速道路の姿や延焼火災の発生により灰燼に帰した神戸の街並み、その後の避難活動においてまったく機能しないライフライン。都市計画のなかでもインフラの計画に関心をもちながら研究の一歩を踏み出した筆者にとっては、これまでの考え方を根本から見直す必要に迫られたのである。

実際に自分自身の研究テーマとして大規模かつ効率的な設備を導入し、その余剰をうまく活用することで地球環境に与える負荷も低減することをもくろみ、地域冷暖房施設やその運用方法をエネルギー供給会社などと共同で研究していたが、そのインフラがいざ大規模な自然災害が発生すると何の役にも立たないばかりか、それへの依存を高めた都市構造は、それが失われた後には多大なる生活困難発生の要因となってしまう。一方で焼け出された被災者が公園で炊き出しをしたり、地元資本のスーパーが倒壊した店舗のなかから取り出した商品を被災者に提供していたりする様子を報道などで目のあたりにして、地域や住民がそもそももっている臨機応変の対応が、想定外の窮状を救う大きな力になっていたことも非常に印象的であった。上水道の途絶によりまったく水の出なくなった消火栓に見切りをつけ、住民たちも協力して川の水をせき止めてそこからポンプアップして消火しようとする姿など、対応の限界を露わにした行政などによる対応と対照的な存在として目に映ったのである。

その後、自然災害対策においては、平成14年度の防災白書で初めて「自助・共助・公助」という用語が使われ、国としても行政による対応だけでなく、地域や個人、民間の力とうまく連携しながら災害を乗り越える必要性が指摘されている。このことを、まさに都市計画を学ぶ人間として実感した出来事が、阪神・淡路大震災だったのである。

なお学籍をおいていた研究室の一員として、震災後しばらくたってから、現地で行われていた建築学会・都市計画学会・都市住宅学会による合同被害調査の手伝いのため初めて現地に入ることになる。その後も調査などで何度か神戸を訪れることになるが、その際には実際神戸で盛んに行われてきた復興まちづくりには関与することがなかった。しかし専門家と地域住民がしっかりと手を携えつつ、よりよい街として復興させていこうとするその取組みは、筆者としてもその一員として携わることができたらいいなあ、と思わせるものであったことは確かである。

地域資源をうまく活かすために

結局、修士論文は複雑な思いももちながら、大規模熱供給施設の安全街区での運用として取りまとめた。そのなかに、余った熱を地域内に貯めておく設備として水を熱媒とした蓄熱槽を提案したのは、やはり阪神・淡路大震災の影響といえるだろう。地域に少しでもストックとしての水があれば、あのような災害が発生した場合にも、トイレや空調施設の冷却水、そして消火用水としてもある程度利用ができるのではないかという思いを反映させたものである。

その後、博士課程に進学することになるが、その頃には大規模な供給処理施設への関心は薄れ、どちらかというと小規模のストックの積み重ねとその適切な運用によって災害時にも機能維持が可能な仕組みづくりができないかと考えるようになっていた。阪神・淡路大震災の発生する２年前の１９９３年に発生した北海道南西沖地震について、５年後の実情に関する調査が（その当時もあまり顔を出していなかった）学籍のある大学研究室に加え、いくつかの大学研究機関による合同で行われることになり、参画する機会を得た。

そこで筆者の関心として質問紙の項目としてなんとか取り入れてもらったのが、被災世帯の災害用物資や水などの備蓄状況であった。「喉元すぎれば熱さを忘れる」とはよく言ったもので、津波で家屋流出の被害にあったり、その後の延焼火災で家を焼失したりした世帯でも、備蓄の状況はあまり芳しくなかった。それは阪神・淡路大震災から５年後に神戸で行った同様の組織連携による合同調査でも、同じ傾向であった。

このとき最終的に、自然災害の被災地や自然災害が発生すると想定される地域への筆者としての向き合い方が定まったのではないかと思っている。公に依存し過ぎることの危険性、そして住民個々への過度の期待も結果的に机上の空論になることを前提として、それらを支える仕組みとして地域の相互扶助関係やそれに寄って表出するコミュニティのあり方が、こと防災や災害復興においても重要であり、それを踏まえて地域の将来をどのように計画づくりに反映させるかを大切にする必要がある――という視点である。

地域に着目した計画とその効果

その後の私の研究も、現在第一線で活躍する同世代の研究者の皆さんと比べるのもおこがましい程度のスピードでゆっくりと進んでいくことになる（実際学位を取得したのは２００７年のことである）。自身の具体的研究としては、昼間人口が夜間人口に比べて圧倒的に多く、居住者ベースでの防災対策が難しい東京都心において、新たに防災施設を整備するのではなく、もう一つの選択肢を示すために、地域内にある各種資源を再評価し、災害時の機能維持にどれほどの効果があるのかをシミュレーションするなどの作業を、主に研究室内でボチボチと取り組んでいる程度でしかなかった。

フィールドにしっかりと入り込み、まちづくりのプロセスにも関与しているような関西圏の学生の動向などを気にしつつも、やはり地域の将来を左右する可能性もある計画づくりやその後の支援活動に携わるには、その地にどっぷり浸かることが必要不可欠であり、それができない以上、関心はもちつつも具体的な研究活動に結びつけられないという思いがあった。その点では現場に携わることに羨望を抱いていたとも言えるかもしれない。

また、何度か短期集中的な現地調査に同行した際も、これまでの活動実績がないために、調査対象者へのアプローチにもなんとなく不安があったこと、すでに多くの調査が行われたフィールドも多く、対象者が調査疲れをしているなかで調査を進める後ろめたさなどもあった。都市計画分野においても、防災や復興に関心がある学生の態度としては消極的だったのが正直なところである。

とはいえ、その時の思いが結果として現在のフィールドとのかかわり方や研究手法にもつながっていると考えれば、一本道でなく、いろいろ逡巡しながら研究にかかわり続けることも、いつかその思いが結実（といえばおおげさだが）する可能性がないわけではない。地域の資源を再評価し、現在の技術や計画論でその効果を拡大していくことがこれからの社会にとって必要とされるのではないか、という思いはその頃からはあまりブレていなかったと自己分析しているが、その姿勢が具体的なフィールドワークにつながっていくのにはもう少し時間を必要とすることになる。

復興まちづくりのバトン、そして若手中心の海外調査

実際にこの目で地域の復興プロセスがどのように進んでいくのか、そしてそれをエンパワーメントしていく要素にはどのようなものがあるのかについて、継続的に調査を進める契機は２００１年度に訪れた。その後９年間に渡り、１９９９年に発生したトルコ・マルマラ地震の被災地や台湾・集集地震の被災地を訪問し、復興状況や人的支援、財政的支援の実情とその効果、さらには制度としての土地利用規制やマスタープランの効果について継続的にヒアリングや現地調査をする機会を得た。

本来、調査をするにあたっては対象となる地域の言語コミュニケーションができることが他の分野

では当然だろうが、筆者が参画した研究グループでは非常に語学に堪能なコーディネーター兼通訳にどちらも恵まれたことで、日本語で日本の都市計画や復興まちづくり、防災対策制度の細かいところを踏まえた調査、議論をすることができた。

その調査プロジェクトが立ち上がった背景には、ひとつのきっかけがある。じつは筆者と同世代の都市計画分野の研究者は、防災や復興を大学院生時代から継続的に研究テーマとしている人が多い。それは明らかに、阪神・淡路大震災の発生に関係がある。当時研究室として調査にかかわったことが契機となるケースもあれば、筆者のように現地の状況をみて自身の研究を徐々にシフトさせていったケースもあるだろう。比較的同世代の共通言語として、防災や復興があったように思う。

各研究機関や大学に在籍していたそのような研究者の卵、そしてすでに研究者としての第一歩を記していた人びとが一同に介し、ネットワークを形成することになったのが、１９９９年度の都市計画学会学術講演発表の際に開催されたワークショップである。阪神・淡路大震災以降、学会では特別調査委員会が組織され、被害の特徴から避難行動、そして仮住まいや復興都市計画など幅広く議論が積み重ねられてきた。それが一冊の書籍（日本都市計画学会防災復興問題特別研究委員会 １９９９）としてまとまったのを契機として、執筆に携わった当時第一線の研究者が次代を担う若手にその役割をバトンタッチしようと企画されたワークショップには、これまで名前だけは知っていたが交流はなかった面々が顔を揃えた。当日のワークショップを契機に、継続的な情報交換や議論をしていこうという機運が生まれたのである。

そこから派生して、ネットワークのとりまとめ役を引き受けてくださったのが東京都立大学教授（当時）中林一樹先生である。中林先生の発案で、ネットワークに参画している若手有志とともに、発生から1年が経過している前述のトルコと台湾の2つの被災地の復旧・復興プロセスを継続的に調査するプロジェクトが計画され、科研費への応募へとつながった。2000年に現在の職場に奉職した筆者としては、首都圏を離れ、かつ当時は災害にもあまり縁がない（と思っていた）新潟の地にいる立場として大変よい機会を与えられたのである。

実際の調査では、現地のヒアリングなどから明らかとなる復興の課題を日本に引きつけつつ、同行したメンバーとさまざまな議論をすることができた。トルコでは政府によって直接的な住宅再建支援が行われた（写真1）が、それが地盤の安定した既成市街地からかなり距離のある高台に急遽造成された団地での提供であることは、現地での再建を模索する神戸の状況とは対照的であったし、従前の土地利用に対してかなり制約をかける手法はとても目新しく見えたのを記憶している（澤田ほか２００４）。

調査の初期段階では、住民の意向や利便性を考慮しないかなり無謀な計画にみえたものの、毎年現地を訪れるうち、生活感が生まれ、アクセスも改善されていくさまは、当初計画のみを評価することの問題点を意識させられるとともに、その国の人口の状況や経済の発展状況に応じて必要とされる計画が異なることを理解することができた。

台湾の場合、神戸の復興まちづくりをお手本とした社区総体営造（コミュニティ主体のまちづくり、といったところだろうか）が進められつつあるなかでの被災であり、復興は住民や地域コミュニティに充分に配慮したアプローチが取られていること、住宅再建がゴールではなく、そこに住むために必要な社会的・経済的環境の再生があってはじめて住み続けることができるという視点に鑑みた各種対

写真１　トルコ・マルマラ地震被災地で建設された住宅団地

応は、印象的であった。とくに、地域の人材をエンパワーメントしながら地域全体を活性化していく手法（写真２）やそれを実現可能にする基金制度は、日本から輸出されたともいえる「まちづくり」が新たな可能性を開花させているのだと実感することとなった（照本ほか２００９）。

結局これらの継続的な調査が、その後、新潟県中越地震において大いに役に立つことになる。被災地における復興のバトンとでも形容できるだろうか。

暮らす町の被災

先述のように私は、２０００年に新潟県長岡市に拠点を移している。当時の職場では、防災や復興について具体的に講義や演習を通じて学生と議論や考察をするような環境ではなく、建築を主体とする領域における都市計画やまちづくりに携わることがほとんどであった。調査のフィールドは、暫くの間は別物として位置づけていたともいえる。

状況が一変したのが２００４年である。この年、新潟県は数多くの自然災害にさいなまれることになる。まずは7月に発生した新潟・福島豪雨である。五十嵐川、刈谷田川で破堤（堤防が決壊）し、三条市や中之島町（現長岡市）で多くの家屋被害が発生しただけでなく、両県で死者は16名（新潟県では15名）となった。浸水被害のあったエリアの被害状況を調査するため、破堤翌日から数日現地に入ることになる。避難所でのヒアリングなどを行ったのではあるが、ダムの放流も破堤の一因であっ

写真２　台湾集集地震被災地での取り組みの一つ，桃米生態村での調査風景

たこともあり、床上・床下浸水とともに汚泥を含んだ泥の流入がひどい。そこで調査はさておき、隣接する地域に立地する大学としてはまずその復旧に関して直接的にかかわる必要があるだろうと判断し、学生有志とともにまずは泥出しのボランティアに従事することになった。

ボランティア活動の傍ら、被害を受けた方々から休憩の合間に被害の発生状況を聞いたり、ボランティアセンターのスタッフと作業のコーディネートに関する課題などに関する意見交換をしたりすることになった（写真3）。しかし新潟・福島豪雨の調査はこの後、三条市における消防団、水防団の防災活動に関するエスノグラフィ調査への同席や、がれき処理が問題化した後の分別現場でのヒアリングなど一部に留まっており、自らの専門に近い、被害を受けた地域の住まいや暮らしの再建支援といった活動はともなわなかった。どうして調査や継続的関与をし得なかったかと考えると、やはりその後10月に発生した新潟県中越地震の発生が大きく影響している。

２００４年10月23日土曜日午後５時56分に発生した新潟県中越地震では、震度７を記録した本震の揺れだけでなく、その後も30分の間に強い余震が繰り返されることによって被害がモザイク状に拡大していた。とくに中山間地とよばれるエリアの被害が大きく、いくつかの地域では道路がすべて地すべりなどで寸断されて孤立状態に陥った。

写真３　「平成16年新潟・福島豪雨」被災地
新潟県中之島町でのボランティア

ちょうど震災発生が土曜日だったこともあり、自宅にいた筆者は、強い揺れを自宅で感じることになる。防災を研究の一テーマとしながらも自宅の家具などにはまったく地震の対策を講じていなかったため、まさにぐちゃぐちゃになった室内を見つつも、まずは周辺状況がどのようになっているのかを確認するために、カメラをもって自宅からＪＲ長岡駅へと向かうことになる。その間、直前に海外調査へ同行し、阪神・淡路大震災から知遇を得ている研究者から被害の様子を尋ねる連絡が輻輳して携帯電話に届いたのも印象に残っている。結局その後、携帯電話には各地の研究者からひっきりなしに連絡が届くようになり、その対応をもって多くのフィールドワークを自動的に繰り返すことになるのである。

コーディネーターとしての地元在住の研究者

翌日には同じ職場の平井邦彦教授と落ち合うことができ、今後の対応を検討した。被災地に立地する大学、そして防災や復興を専門とする研究者がいることなどを踏まえると、たとえ小さな拠点とはいえ、さまざまな問い合わせや協力の依頼などを引き受ける必要があるだろうということを共通認識とし、現地調査を進めつつ、その対応を行うこととした。

大学としては10月中は臨時休校が決定されたものの、大学施設の利用に関しては余震に注意することを条件に認められ、ライフラインの途絶もなかったことから、各地から訪問される被災地現地調査などの拠点として開放した。

情報提供などをすることとしたものの、じつは地震で大きな被害を受けたエリアをすべて知悉しているわけではない。拠点としての対応はうまく交代シフトを組みつつ、大学の公用車のうち、多くの荷物を搭載できる車両を無期限で借受け、備品のヘルメット、腕章をつけてとりあえず被害の大きいと想定されるエリアをとにかくまわってみることとなった。巨大災害とは異なり、直下地震の被災エリアは限定的であるが、余震の影響もあって被害の様相はモザイク状であったため、なるべく手分けをして早めに多くの状況を把握することを目標に現地に向かう数日間となった。途中、すでに地元の消防団などにより通行規制が行われている箇所もあったが、地元の大学ということで通行が許可された場面も多々あった。

現場では多くの画像をカメラに収めていたが、当時はまだカメラに位置情報を埋め込むことはそう容易くもなく、携帯電話やスマートフォンもまた同様であった。一方で阪神・淡路大震災の時には機能や利用者も限定的であったインターネット、そして地理空間情報システム（ＧＩＳ）を活用した被害状況の提供にも取り組むことになった（澤田ほか ２００５ａ）。国や民間企業と連携し、さまざまな機関が提供する情報を一元化、WebGIS を活用して提供するサービスは、新潟県中越地震復旧・復興ＧＩＳプロジェクト（図１、図２）と命名された。

サイト構築や情報処理の多くはインターネットを介して東京を中心に進められ、現地にいる筆者の役割として現場の状況をきちんと把握し、提供する情報の精度を確認することが求められた。そのため、ほぼ毎日のように日中はさまざまな現場に足を運び、被害状況や避難状況を撮影したり、関係者にヒアリングをしたりする状況が継続することになった。ＧＩＳサイトで提供する情報とは別に、撮りためた画像はかなりの枚数となっていたため、撮影日・撮影場所などを整理し、簡単なコメントとともに Web ページとして整理することも行った。データは当時、海外調査で協働する研究者のサーバに好意でしばらく置かせてもらい、画像に関しては転用を許可してきた（現在は閉鎖されている）。ネットで被災地の状況を動画も含めてふんだんに獲得できる今となっては不要かもしれないが、当時は双

図1　新潟県中越地震復旧・復興 GIS プロジェクトのサイト（上）

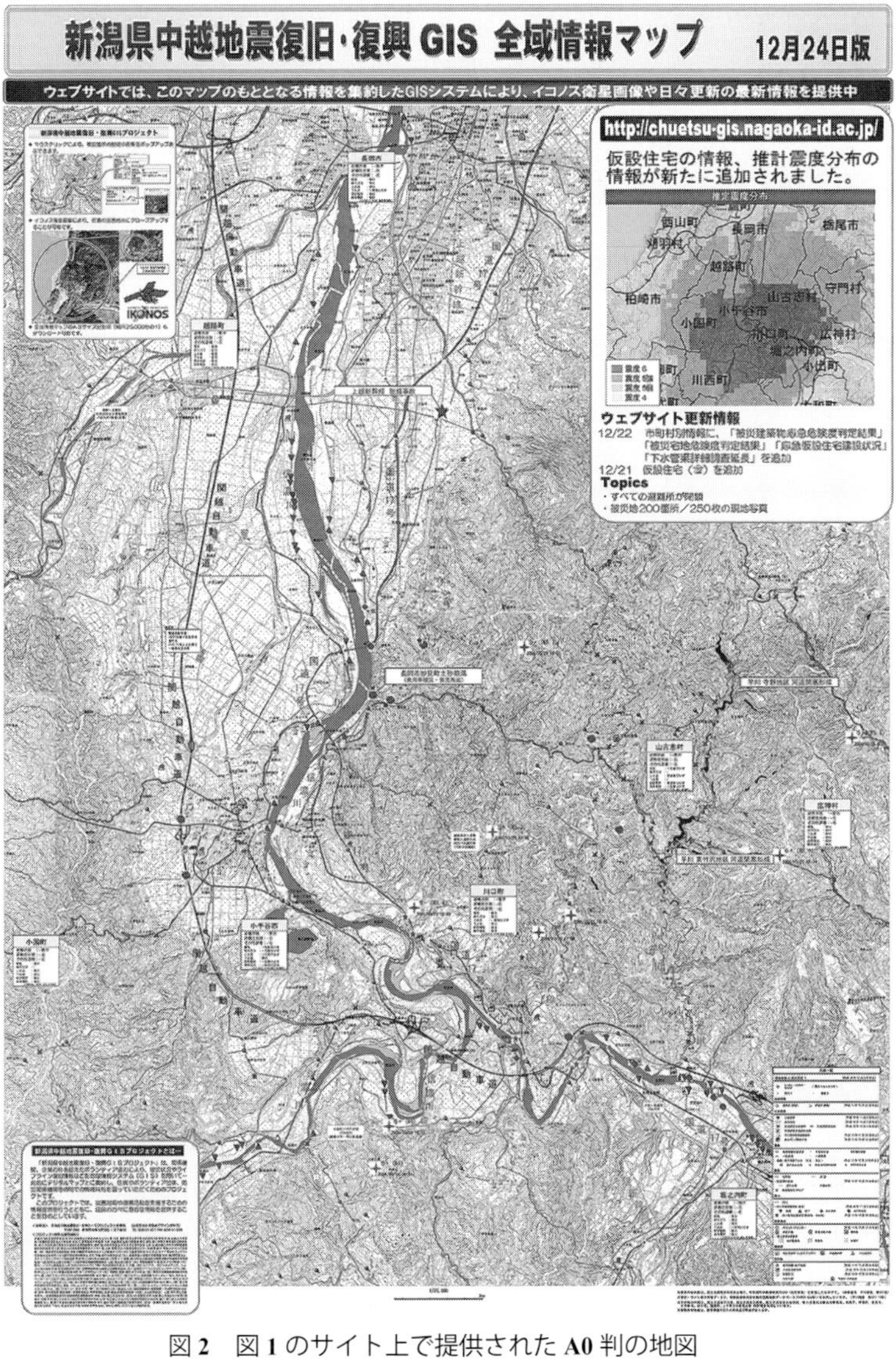

図 2　図 1 のサイト上で提供された A0 判の地図

方ともかなりの引き合いがあった。

ＧＩＳプロジェクトのサイトに関しては、サーバを筆者の大学においたのだが、開設当日深夜にはポータルサイトでトピックとして紹介されたのを期にアクセスが殺到し、サーバがダウンする状況にもなってしまった。ただ、それらの活動を通じて、これまでのネットワークに加え、国内を中心として多くの研究者や研究機関とつながりをもてたことは、その後の被災地とのかかわりにおいて意味あるものだったといえよう。

また、連日のように被災地の現地調査に訪れる人びとの運転手役を引き受け、道案内をすることで、結果的に被災現場の状況変化もつぶさに目のあたりにし、状況も相対的に把握することができた。ヒアリングのアレンジをすることなどを通じて、行政職員や地域のリーダーなど多くの人びととの接点もできた。インターネットのポータルサイトがそうであるように、ある分野にとって中越地震に関してのポータルサイト的な機能を知らず知らずのうちに担うことになっていたのかもしれない。

災害のフィールドワークとはどうあるべきかという点において、汎用性のある取り組みとは言い難いが、現地を案内するなかで心がけていたことだけは紹介しておく。

被害の状況を把握しながら、県内の専門家や研究者だけでなく、広く国内外の叡智や知見を復興に向けて活用することが復興をよりよいものにしていくのだという実感は、当初から有していた。そこでなるべく関心をもつ人びと（そしてもってもらいたい人びと）には必要とされる情報を提供し、現地調査の環境を整えることは意識的に行ってきた。フィールドワークにはつきもの（この分野ではそうだが、もしかするとそうでもないのかもしれない）である地域の人との酒を酌み交わしながらの懇談の場や、地域の食を味わってもらう場なども、できる限りセットしてきた（幸い新潟県中越地方はコメや酒だけでなく、それ以上に多くの美味しいものに恵まれているため、後者の取り組みにはさほどの苦労はなかったが）。実際、防災や復興にかかわるさまざまな方が、幾度となく被災地を訪問し、知見を地域に還元してくれた。

被害の程度についてなら、同程度の被災地は国内にも多くあるはずである。そのなかでも中越地震の被災地が今でも比較的関心をもち続けてもらっているのは、地域が本来もっていた魅力が、被災経験を通じた他者とのかかわりのなかでうまく花開いたこと、そしてそれを共有する環境が継続していることが一因であると思っている。

被災地でのフィールドワーク

２０１４年で震災から10年を迎える中越地震の被災地では、さまざまな調査、復興に向けた諸活動を行ってきた（澤田ほか ２０１０など）。震災発生から1年間は、建物被害に比べて多くなった避難の特徴把握のために、質問紙調査やヒアリングを積み重ねた（澤田ほか ２００５b）。また、揺れの実感から細かな揺れの状況を明らかにするための小千谷市全域を対象とした質問紙調査、および室内の実測調査なども行ったりしてきた（名知ほか ２００６）。さらに先述のような行政と研究者、専門家の橋渡しなどに加え、復興計画策定後の集落単位での復興計画づくりにも参画する機会を得ることができた。代表的なものとして山古志６集落再生計画策定時における楢木集落移転候補地での現地ワークショップ（写真４）を通じた配置計画の検討があげられる。

避難指示が継続するなか、ムラから遠く離れたニュータウンの一角に建設された仮設住宅の集会所で住民と行政、専門家が議論を積み重ねていた。議論は主に積雪期に行われたが、いわゆる農閑期でもあり、じっくりと話し合いができるだろうという思惑もあった。目に見えた復旧はどうしても遅れがちになるが、暮らしの再生のために力を蓄える時間としては有効に機能したというわけである。約半年間、積雪のある中越地方の中山間地域ならではの復興プロセスでもあるのだが、しかし具体的な計画段階では、「実際に現地を見ない限り決断はできない」という声も多く寄せられた。それを受けて、すでに合併して長岡市となった旧山古志村の復興担当職員と調整を重ね、簡易測量と縄張りを中心とした現地での実寸シミュレーションを行い、現地見学およびその後の意見交換を企画したのである。学生も多く参画し、結果としてはこのプロセスを経ることで、集落の世帯数が半減し、高齢化が進んでも、積雪時の除雪排雪作業を軽減しながら相互扶助関係によって暮らし続けられるような将来計画策定へとつながっていった。

　はたからみれば、再建してもすでにその時点で限界集落では意味がないと思えたかもしれない。筆者も当初は、震災前から深刻化していた限界集落化問題を集落の統合などを通じて計画的に再構築を図ることが、地域の持続性の観点からある程度必要になると考えていた。しかし海外での調査、とくに台湾での経験や、多くの国内外の研究者やプランナーの知見を柔軟に取り込めるような環境のなかで、地域が縮小しても変わらない価値、そしてそれを支える仕組みのあり方を柔軟に考え、計画に反映させられるようになったのだと思う。

　実際に被災集落では、震災を契機に受け入れたボランティアによって、「よそ者」へのハードルがぐんと下がり、外部支援者との連携に寄って地域の価値を再確認し、それを暮らしの安定と発展につ

写真 **4**　楢木集落移転予定地（天空の郷）における ワークショップ

なげているケースも増えてきた。当初はさまざまな変化に戸惑いのあった集落が、小さな成功体験を重ね、内発的な活動へと大きく展開していくさまは、復興過程の一断面だけを切り取ることだけではそのダイナミズムを感じることはできなかったのだろうと思う。

自分自身がずっとすべての調査フィールドで具体的な活動をする必要はない。地域に拠点を置いているという特徴をうまく生かしつつ、それを地域の将来を明るくするために少しでも役立てるという姿勢もまた、必要なのだと思う。

参考文献

澤田雅浩・米野史健・市古太郎・中林一樹（２００４）トルコ・マルマラ地震からの復旧復興プロセスを支えた各種制度とその変容、「地域安全学会論文集」6, pp.173~180.
澤田雅浩・八木英夫・林 春男（２００５ａ）震災発生時における関連情報集約とその提供手法に関する研究：新潟県中越地震復旧・復興ＧＩＳプロジェクトの取り組みを通じて、「地域安全学会論文集」7, pp. 97~102.
澤田雅浩・樋口 秀・中出文平（２００５ｂ）新潟県中越大震災における避難形態の多様性に関する研究―長岡市と小千谷市におけるアンケート調査を通じて、「都市計画論文集」40, pp. 715~720.
澤田雅浩・石塚直樹・高野智恵・日野正基・西澤卓也・三井 健・矢尾板和宣・春日惇也・阿部将之・大嶋奈美・筑波匡介・平井邦彦（２０１０）中越地震５年目の報告―ＮＩＤと地域の関わり方―、「長岡造形大学研究紀要」7, pp. 129~142.
照本清峰・中林一樹・澤田雅浩・福留邦洋（２００９）台湾における９２１地震後の地域再建支援施策と復興過程、「日本建築学会計画系論文集」74, pp. 1239~1248.
名知典之・岡田成幸・田守伸一郎・渡辺千明・澤田雅浩（２００６）２００４年新潟県中越地震における室内人的被害要因の考察：実態調査に基づく被害の地域性、「日本建築学会学術講演梗概集」B-2, pp. 413~414.
日本都市計画学会防災復興問題研究特別委員会（１９９９）『安全と再生の都市づくり』学芸出版社.

3 日常から見える「防災」
イスタンブルでの文化人類学的参与観察

木村周平
KIMURA Shuhei

ある出会い

前二章の執筆者がいわゆる「ポスト阪神・淡路大震災世代」にあたるのに対し、筆者はそれよりやや遅れて、震災が世間の話題にならなくなった頃に研究の道に入った。そのため、「文化人類学で、災害を研究しています」と自己紹介すると、怪訝な顔をされることが少なくなかった。ある人にとっては文化人類学という学問が聞きなれないものだからだし、文化人類学を知っている人には、それと災害が縁遠いものに思われるからだ。そこで「名古屋生まれで、東海地震のことを聞かされて育ったので、災害に関心があるんです」と付け加えると、一応、頷いてもらえる。しかし、じつはこれはお茶を濁しているだけである。だから本章では、文化人類学的な立場からの災害のフィールドワークはどのようなものか、自分の実例をもとに説明してみたい。

ということで、まずは筆者が遭遇した、ごくありふれた調査中の出来事からみてみよう。

シナンに出会ったのは、２００４年の初夏のある日のことである。そのとき筆者は防災に関する調査をするという目的で、トルコ共和国イスタンブル市（「イスタンブール」と表記されることが多いが、こちらのほうが音としては正確である）に滞在していた。19カ月間を予定していた長期フィールドワークは開始から数カ月がたち、ようやくトルコ語が少しずつ聞き取れ、また話せるようになってきた時期であった。

その日、筆者は、知り合いになった日本人で、行政の耐震都市計画プロジェクトで働いていたカトウ氏（仮名）と市内でも比較的貧しいといわれる地区を歩いていた。そして少し休憩をと通りがかりのモスクの下のチャイハネ（喫茶店）に立ち寄ったとき、話しかけてきたのがシナンだった。当時30代半ば、この地区の行政に雇われて街路掃除の仕事についていた彼は、髪にすでに銀色が混じっていたが、背が高くがっちりとして、生気に満ちた顔つきをしていた。

シナンは筆者らが防災の調査をしていると知ると、町を案内してあげよう、と言ってきた。彼の来歴（彼の父はブルガリアからの移民で、彼が小さいときに家族でイスタンブルに移ってきたのだという）などを聞きながら町を歩いていると、道路拡張の工事現場に行きあたった。そこは通りに面した建物の立ち退きが終わったところで工事がストップし、道路そのものの工事が始まらないまま、壊された家々の瓦礫が山になって残されていた（写真1）。シナンは「何のために立ち退かせたんだろう」とため息をつき、

写真1　イスタンブルの工事の「現場」

行政の行為に不信感を示したあとで、その瓦礫を一つ手に取って壊してみせた。「ほら見ろ、この辺りの建物はこんなにコンクリートがもろいんだ」。そして続けて、海水からつくったコンクリートは危険だが川の砂からつくると丈夫だとか、柱の鉄筋の間隔は10㎝でなければいけないのに、材料をケチるため多くの建設会社は20㎝間隔でつくる、などということを説明してくれた。

その場を離れてからも、彼は道々に行きあうさまざまな建物を順に説明してくれた。2階部分が張り出してバランスが悪いアパート、賄賂を使って本来得られないはずの許可を得て建て増しした（と彼が考えている）家々、無計画に建てられたために道路に対して張り出したり引っ込んだりしている家々など、この建物はここがよくない、あのアパートはそこがよくない。彼のこうした語りは、日が暮れて、彼が父母と妻、息子と暮らすこの地区のアパートに招待され、夕食を食べている間でさえ、途絶えることはなかった。

文化人類学のアプローチ

（1）フィールドワーク

このシナンのエピソードはいったい何なのだろうか。彼の話自体がデータなのか、それとも見知らぬ土地で自分の決めたテーマについての調査を開始するための準備段階のエピソードなのだろうか。あるいは調査の合間のリラックスした人間的交流なのか、ひょっとしたらトルコの「文化」としてのホスピタリティ（*misafirperverlik*）を示す事例なのだろうか？

その答えはあなた（調査者）がどのような立場で研究をするかによって異なる。同じ「防災」というテーマをもっていたとしても、自然科学や工学的なアプローチでは彼との出会いは研究データには含まれないだろうし、社会科学においても数量的なデータを重視するようなアプローチをとるのであれば、彼の話はよくても、質問紙を作成するための参考となるぐらいであろう。

しかし、これが文化人類学となると異なる。文化人類学の調査道具は基本的にはペンとノートだけ、よくてカメラとビデオ、レコーダーがつくぐらいであり、他の学問と比べて率直にいってプリミティブだが、しかしフィールドワークを行う文化人類学者は、きわめて貪欲である。後述するように、彼らは身一つでそのフィールドの文化や社会の仕組み、人びとの思考などを明らかにしようという大それた野望を抱いてそこにやってきている。だから彼女は自分自身を最大限活用しようとする。自分が見聞きし、経験するそのすべてが――たとえば聞き取りにおいては、彼女の対面する人びとの話の内容だけでなく、顔色や声色、自分や周囲の人への態度、使う語彙、現れた時の雰囲気や服装、聞き取りの場所の様子といったことから、聞き取りのなかで彼女自身が考えたことや受けた印象、場合によってはその晩寝ているときに見たこの聞き取りについての夢ですらも――データなのであり、できる限りそのすべてをノートに書き留めようとする。文化人類学者が行うのは、調査前につくった調査項目の一覧表を埋めていくことで予定調和的な結論を導き出すことではなく、ノートに書かれた（あるいは写真や映像として収集された）山のような断片的なデータを記述のなかでつなぎ合わせることで、現地の人びとの見方に即したかたちで、文化や社会のあり方を提示することである（この記述をエスノグラフィ（民族誌）とよぶ）。なぜなら、文化や社会というつかみどころのないものに対しては、そのようなアプローチをとることが誠実なことであり、見聞きできるものに限界があるとしても、既存の理論の当てはめや、項目を決めた統計的調査を通じた一般化では取りこぼしてしまうものを含めた、より「全体的」な像が描けるのだ、と考えているからだ。（注1）

だからシナンとの「出会い」は、それ以外の無数の出会いと同様、筆者にとってはそれ自体が疑いもなく、重要なデータであった。ただ――こうしたことを書くと呆れられるかもしれないが――、それが具体的には「何の」データであるかは、その時点でははっきりしなかった。というのも、一つのデータは「何の」データになるかについて無数の可能性をはらんでいるからである。

それはあるカテゴリー（男性、30代、ブルガリア出身、掃除夫、3世帯暮らし…）の市民についてのデータでもあるし、トルコの行政と建物をめぐるパターン化された語りの一例でもありうる。さらに、市民が建築や耐震性に関してどのような知識をもっているかについて示してもいるし、トルコ都市における区画整理・都市計画の困難さも示唆している。文化人類学者はあたかも見本のないジグソーパズルを解くように、断片的なデータを他のデータと結びつけながら、意味のある像をつくり出そうとする。それゆえ、調査は野心的だが、他方で不安と不確実性に満ちたものになる。

（2）文化人類学と災害

しかし、こうした間口の広い（定まっていない）アプローチをとれるのも、文化人類学からの災害研究が今のところまだ充分に確立したアプローチとなっておらず、ほかの防災研究のように、できるだけ早く研究成果を「社会的に実装」する、ということへの要請をそれほどつよく感じていないことも理由になるかもしれない。

文化人類学はその名の通り、「人類とは何か」という問題に対し、文化という観点から答えようとしてきた学問である。そうした学問にとって主要な研究対象は世界中に広がる無数の社会集団であり、彼らが維持している、ものの考え方や暮らし方のパターンなどであった。もちろん大まかに言って、それぞれの社会集団の暮らし方は、その集団が住まう環境への適応という側面をもつ。だから慣習的な暮らし方のなかに自然災害への対処法が埋め込まれているような地域もある。

国内では「津波てんでんこ」で知られる三陸地方や、木曽川沿いの洪水対応のための輪中《わじゅう》などはその典型例であり（これらは「災害文化」とよばれることもある）、当然、世界中にこうした事例はみられる。そのため、完全に災害が文化人類学の視野から外れていたとは言えないが、決して中心的なテーマではなかった。災害をテーマとする文化人類学的研究が少しずつ増えてきたのは１９８０年代頃からのことであり、そこでは、災害（とくに、災害発生後の長期的な復興プロセス）においてフィールドワークを行い、とくに被災者や被災地への長期的なかかわりをもとにした記述と分析を通じて、現場で何が起きているのか、あるいは被害が生み出される背景を明らかにしようとしてきた（木村２０１３a、序章）。

その成果は、主に次の３つに分けられる。一つは、ある特定の地域における具体的な災害の表れ方についての詳細な民族誌的記述の蓄積である。日本語で読めるものには、１９９１年にフィリピン・ピナトゥボ山で20世紀最大規模の火山噴火災害に被災した先住民の避難から復興への道のりを描いた『噴火のこだま』（清水２００３）や、東日本大震災直後の岩手県大槌町や釜石市などでの避難所生活や復興を扱った『被災後を生きる』（竹沢２０１３）などがある。いずれも被災者に焦点をあて、その言動を通じて彼らが何を考え、何に苦しみ、どのように苦難を乗り越えようと試行錯誤しているのかを描き出している。

二つめは、詳細な現地での調査にもとづく理論化である。とくに重要な概念として挙げられるのは「脆弱性」（vulnerability）、つまり災害は決して突発的な出来事、誰しも同じ確率で被害を受ける可能性のある出来事ではなく、被害の分布や程度は日常の社会過程においてその人（集団）が置かれた条件（経済的、地理的、民族的、身体的、年齢的…）に対応しているという考え方である。この概念は、発災前後の混乱期ではなく、より長期的な日常の社会状況の理解を通じて災害の被害軽減にアプローチすることを可能にした（東日本大震災後に注目を浴びるようになった「レジリエンス」（resilience）は多くの面で脆弱性の裏返しだといえる）。

そして三つめは、災害を取り巻く通念への批判である。今述べた「脆弱性」概念も、政府や国際機関による災害対応施策の主流であった、堤防建設や都市計画実施など大規模なハード面の整備を重視する傾向への批判として現れたものであった。それ以外にも、より基礎的な、「災害とは何か」「何をもって被害とするのか」「被災者とは誰か」などの基準が社会や、当事者の立場に応じて多様でありうるという指摘も、行政による既存の制度にもとづく被災者対応では見逃されがちな点であったといえる。

文化人類学であまりやられていないテーマに取り組みたかった筆者は、科学技術の人類学に着手していた指導教員の後押しもあり、大学院でのテーマを災害に決めた。そこで行ったイスタンブルでのフィールドワークは、こうした成果にもとづきながら、視野を「防災」にまで広げてみようとするものであり、試行錯誤の連続であった。

トルコでの調査

（1）イスタンブルという町

トルコ共和国は人口およそ7670万人（2013年）、ヨーロッパとアジアの境界に位置し、地中海と黒海に面した、長方形に近い形の国である。公用語はトルコ語、国民の9割以上がムスリムであるとされる。面積は日本の約2倍であり、農業生産と繊維・衣料品製造業が盛んだが、近年はヨーロッパ向けの製品の生産拠点として経済・産業の成長が著しい。他方、トルコ全体の地質構造をみると、トルコが位置するアナトリアブロックは北側のユーラシアプレートに対し南からのアフリカプレート、さらに南東のアラビアプレートがぶつかって西へ移動するという複雑な仕組みになっている。そのためトルコでは地震活動が盛んである（図1）。

筆者が調査地としたトルコ北西部の都市イスタンブルは、全人口の18％ほどにあたる1400万人以上が集まる、経済と文化の中心地である。と同時に、そのすぐそばを、トルコを東西に横断する北アナトリア断層という長大な断層が走っており、歴史を通じて繰り返し地震に襲われ、城壁や家屋が壊れるなど被害を出してきた。

イスタンブルを含むマルマラ地域において過去に起きた地震のうち、最近大きな被害をもたらしたものに、1999年に発生した2つの地震がある。一つめはイスタンブルの東隣のコジャエリ県を震源地とし、8月17日に発生した地震であり、二つめはデュズジェ県を震源として11月12日に発生した地震である。前者は死者1万7480人、

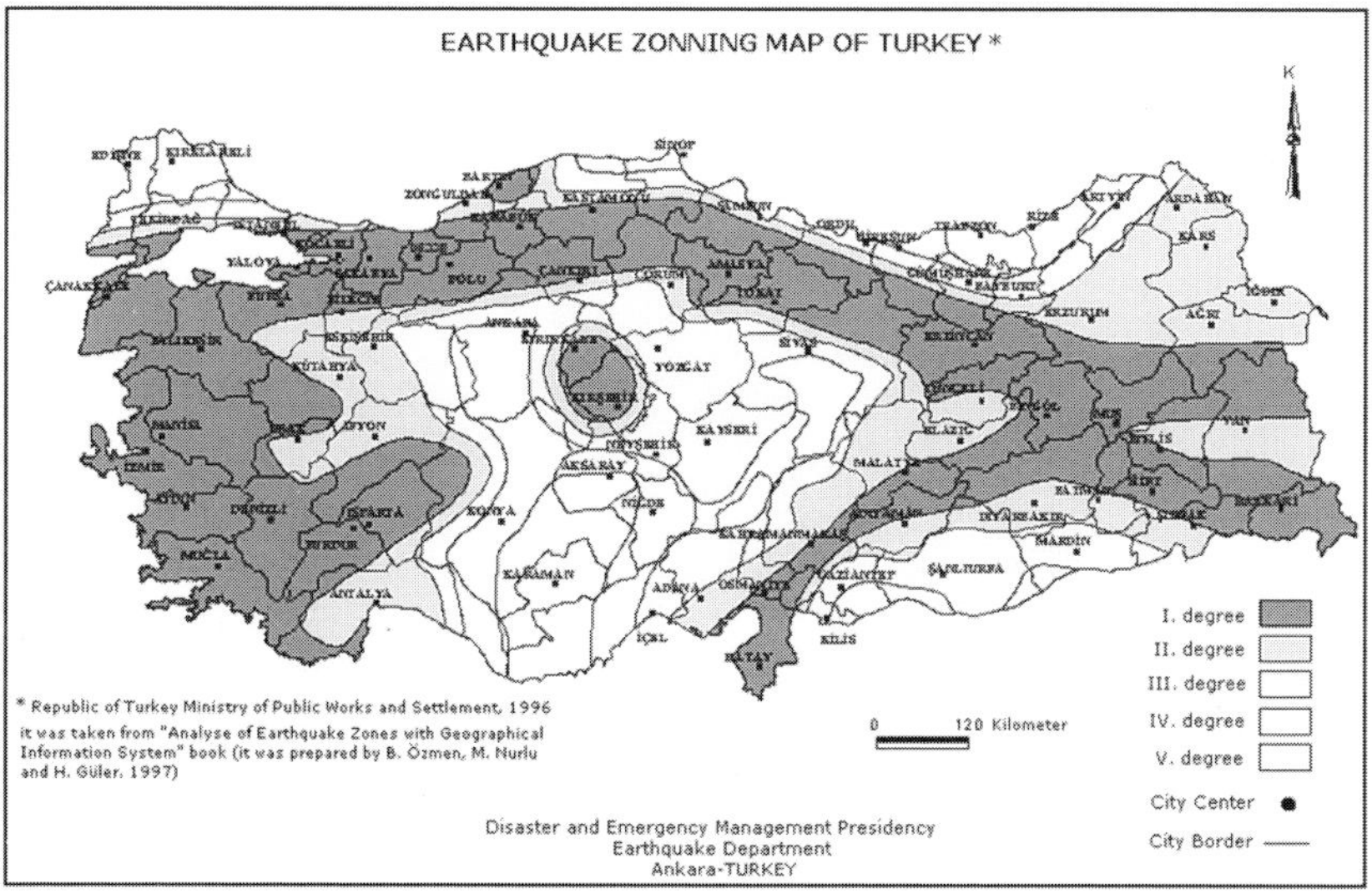

図1　トルコ政府が発行する地震地図

色が濃いほど強い地震が予測されている地帯.

後者も死者８４５人という大きな被害を引き起こした。そして30年以内にイスタンブル付近でマグニチュード７以上の地震が発生する確率は62±15％とされ（Parsons et al. 2000）、それが発生すれば１９９９年の地震を超える死者が発生するのではないかという予測もある。

以上のことを背景に、筆者のフィールドワークは、過去の地震と将来の地震の間にあるこの都市が、いま災害とどのように向き合っているのかを日常のなかで明らかにすることを目指した。

（２）試行錯誤

しかし、この調査はさまざまな点で困難に直面することになった。上述のようにフィールドでの人びとの言動を追っていく文化人類学では、そもそも小さな共同体で調査をするか、あるいは、特定の問題関心を共有し、日常的にそれにかかわる活動を行っているような人びとの集まりを具体的な調査対象とすることが多い。しかし、イスタンブルにおいてそうした集団はすぐには見つからなかった。一つの理由は都市としてのイスタンブルの巨大さ・複雑さが、単身で調査する文化人類学者には身の丈を超える問題だったということだが、しかしそれ以上に、テーマ自体がもつ問題もあった。災害のような突発的な社会的出来事は、直後には高い関心が寄せられるが、それはすぐに冷めてしまいがちである。調査を開始した時点で１９９９年の地震から約5年が経っていたイスタンブルも例外ではなく、インタビューしようにも「地震に対する取り組みなんて何もないよ」とか「トルコ人は忘れっぽいんだよ」などというような消極的なことを言われることが多かったのである。

こうした事態はある程度予想はしていたが、しかしやはり、大学院生という先の見えない立場にあった筆者に重くのしかかった。決められた期間内に何か意味のある調査結果が出せるのか不安に駆られ、部屋に引きこもって、こうでもないああでもないと悩んだりもした。結局、筆者が採ったストラテジーは、やや文化人類学の定石からはみ出し、複数のサイトでの調査を組み合わせるということであった。これはマルチサイテッド・エスノグラフィとよばれる手法に近い（e.g. Falzon 2009）。全体を全体として描くことはできないし、一つ一つのサイトでの調査の密度は相対的に薄れてしまうが、さまざまな角度から問題を照らし出すことで、問題のネットワーク状の広がりを示せるのではないかと考えたのである。ただ、具体的にどこ（何）をサイトにするかは、ある程度戦略的に探しても、実際には、調査を受け入れてくれるかどうかなどで偶然に左右される部分が大きい。筆者の調査では結果として、冒頭でふれたカトウ氏のかかわった耐震都市計画、シナンの住む地区で行われた住民向けの防災教育とそれを基に組織された防災住民組織の活動、そして市内のある大学に属する地震研究所での活動（地震観測と市民向けの教育）が主なサイトとなった。

（3）見えてきたこと

イスタンブルを歩き、人びとと話し、またさまざまな活動に参加させてもらうことを繰り返すなかで、いくつかのことが次第に「見えてきた」。ここでは一つだけ例を挙げておきたい。

トルコでは、防災の文脈で「運命論」（*kadecilik*）という言葉が批判的に取り上げられる。つまり、イスラームに対する盲信（未来に起きるすべての出来事は神の思し召しであり、逆らってはいけない）が、災害に備えることの妨げになっている、ということである。そのため、地震に対する知識や態度をめぐっては、つねに科学対イスラーム、あるいは科学対運命論という対立図式で論じられてきた。それにもとづき、科学者や世俗的な知識人たちは、神の定めた運命だからと信じて（あるいはそれを言い訳にして）災害対策をしない人びとを批判し、科学的知識を啓蒙することの必要性を主張してきた。しかし、調査でみえてきたのは、科学と運命論の間の、より入り組んだ関係であった。

すでに述べたように、文化人類学はその「気づき」を、エスノグラフィという記述を通じて示そうとする。これは仮説を示し、その検証や補強のために自分の事例群を提示するという形式とは少し異なる。言ってみれば、自分が行きあたった事例について、その背景も含めて詳細に記述していくことが、そのまま自分が対象とする問題について主張しようとすることにつながっている、というようなスタイルの文章である。先に「見えてきた」という言葉を使ったが、この「気づき」には時間がかかる。というのも、対象について「常識」のように語られていることを身に着けていなければ、その見方がもつ不充分さや問題点に気づくことはできないからだ。だから、それは多くの場合、調査の終盤であったり、あるいは調査後、自分が調査中に記したノートを繰り返し読み、個々の事例がほんとうは何を意味しているのか、煩悶するなかであったりすることが多い。さらに、そうした「気づき」を他人が納得するようにするには、そのために必要な、対象についての膨大な背景情報も、バラバラにならないよう、うまく織り込んで記述する必要がある。だから文化人類学では、「記述する」ということに対してきわめて情熱を注ぐし、また実際、時間もかかるのである。

さて、冒頭で紹介したシナンは、地区の建物の〝悪さ〟について筆者らに語っている。イスタンブルを埋め尽くす建物が、たとえば許可をめぐって、あるいは資材をめぐって、１９５０年代頃からの農村部から都市への急激な人口流入とそれに伴う住宅問題を背景とする政治的なネゴシエーションと妥協の結果生まれた〝悪い〟建物であることを人びとはよく知っている。１９９９年の震災は、この政治的な腐敗の産物という意味での建物の〝悪さ〟と、災害の被害の原因（耐震性の低さ）としての〝悪さ〟とを結びつけた。その結果、人びとが次のイスタンブル地震を考えるとき、人びとの頭に浮かんだのは何よりもまず自分の住む家の〝悪さ〟であり、多くの人がそれについて確信を持てなかった。

シナンは自分が知り得た地震や災害にかかわるさまざまな知識や情報を総動員して、この未来の問題を自ら算定しようとした。彼は1999年の地震時は家にいたが、歩けないほどの大きな揺れを感じたため、もしイスタンブルでマグニチュード7とか8とかの地震が起きたら、なすすべもないのではないだろうか、と考えた。ではどうするべきか？

彼には年老いた両親がいて、引っ越しを望んでいなかった。かといって、建て替えや（可能だとして）耐震補強をするようなお金や、それを頼める知人もなかった。ここで彼の推論は、ある方向性を帯びたものになる。つまり、今住んでいるアパートを当面動かないことを正当化するようになるのである。彼は家を訪れた筆者たちに、2階の張り出した部分には支えが入っているし、厚い壁が多いし、室内をみると梁もしっかりある、だから地震でも問題ないと思うがどうか、と確認しようとした。こうして、彼の語りは、結局なるようにしかならない、地震が起きてみないとわからない、というようにに「運命論」の様相を帯びていった。つまり「運命論」とよばれるものの広範な普及というのが意味しているのは、さまざまな知識や情報が流通する半面で、最終的には（それがどの程度かは人によって異なるが）状況の改善が自分の手の届かないものであるために、確率論における個別の事象の未決定性によって現状を正当化する、ということなのであり、科学的な知識の普及にともなって減少するのではなく、むしろ広まっていくものだといえるのである。

文化人類学から災害に取り組むこと

以上、筆者の調査をもとに、文化人類学からの災害へのアプローチについてみてきた。それは、端的に言えば、フィールドに長い時間身を置き、その日常（発災直後であれ、復興期であれ、あるいは発災前であれ、人びとが日々を生きている時間・空間）のなかから災害を考えてみようとするものである（筆者の自己紹介に怪訝な顔をした人が、この説明で多少なりとも納得してくれればよいのだが）。

しかし、納得したとしても、やはり「それは何の役に立つのか」という疑問は生じうるだろう。災害や、個々の経験の個別性と愚直に向かい合おうとする文化人類学の知見は、率直に言って、定式化されにくいし、直接的に役に立つ、というところからはきわめて遠く見える。それは、きわめて密にローカルな文脈と結びついているため、またその成果が質的な記述であるために、そこから一般化・抽象化しにくいからである。

確かに、文化人類学的な手法から理論構築への貢献や、諸現場への「実装」は難しいかもしれない。しかし、文化人類学的な調査にもとづく現場の詳細な記述は、災害の現場にかかわる（あるいは本人の意図とはかかわりなく巻き込まれてしまっている）人びとが、いざ、自分で問題に対応しようとする時に、ヒントを与えてくれる。それは、学校の教室で習うような体系的な知識ではないかもしれない。しかし、休み時間や、あるいは打ち上げのような場で話される、過去の経験談に近いものとしての効果をもちうる、と筆者は考える。

日常的な経験では、そうした経験談の多くは、ふうんという気のない反応、ないしはもう聞き飽きてうんざり、というような反応を生み出すだけかもしれない。しかしそのいくつかは聞き手のなかにとどまり、〝反芻〟され、積極的に解釈される。必ずしも成功事例でなくとも、またたとえ遠く離れた、聞いたことのないような社会の話であっても、聞き手はそこに何らかの自分の向かい合う問題や置かれた状況との共通点を見いだし、それをもとに、自分の問題や状況を捉え直し、新たな一歩を踏み出しうる。文化人類学の提示する記述が妙に詳細なのは、もちろん事実の丹念な記録という意味もあるが、そうした積極的な解釈（ないし創造的な誤読）を可能にするためのものでもあると、筆者は考えている。おそらく今後、災害にかかわる立場に身を置く人びとは増加するはずである。文化人類学的な災害調査の成果が、そうした人びとがそれぞれの現場で自ら試行錯誤していく際の資源として活用されることを願ってやまない。

現在、筆者は東日本大震災の被災地での調査に取り組んでいる。やはり今回も、何かが「見えてくる」までにかなりの時間がかかるだろう。それを逆手にとり、人びとの不安や希望や苛立ちにじっくりと付き合っていくというのが、文化人類学者の態度であろう。

そうするなかで「見えて」きそうなことの一つとして、「地域」というものに対する柔軟な視点というものがある（木村 2013b）。防災や復興の過程においては多くの場合、「地域」は行政的な区分を単位とする。しかし、実際にはその範囲のなかにもさまざまな差異が存在するし、同時にその範囲を超えて、人びとのつながりや問題の広がりが存在する。私たちに必要になるのは、行政区分でしかない空間を実体的な人間関係のまとまりの単位とする見方をとることではなく、現れては消える人びとの関係性が生み出す境界線が、複数あり得たうちの一つを偶然的に選び取っているに過ぎないことを理解し、そして実際には重要な働きをしていながら「コミュニティ」を実体視することで視野から逃れてしまうような人びとのつながりを可視化していくことであり、それによって、その場に萌していている可能的な広がりを、将来に向けて育てていくことであろう。

なお、本章同様に文化人類学的な立場からの災害フィールドワークについては、林（2011）も扱っているので参照いただきたい。

注

（1）とはいえ、この文化人類学者像は、一部ではもうやや単純で古いと思われている。このあたりについてはその名も『フィールドワークはもはやかつてそうであったものではない』という本（Faubion and Marcus 2009）を参照。

参考文献

木村周平（２０１３ａ）『震災の公共人類学：揺れとともに生きるトルコの人びと』世界思想社.

木村周平（２０１３ｂ）津波災害復興における社会秩序の再編：ある高所移転を事例に、「文化人類学」78-1, pp. 57~80.

清水展（２００３）『噴火のこだま：ピナトゥボ・アエタの被災と新生をめぐる文化・開発・ＮＧＯ』九州大学出版会.

竹沢尚一郎（２０１３）『被災後を生きる：吉里吉里・大槌・釜石奮闘記』中央公論新社.

林勲男（２０１１）災害のフィールドワーク、『フィールドワーカーズ・ハンドブック』日本文化人類学会（監修）、鏡味治也・関根康正・橋本和也・森山工編、世界思想社、pp. 244~262.

Falzon, M. A. (ed.) (2009) *Multi-sited Ethnography Theory, Praxis and Locality in Contemporary Research,* London: Ashgate.

Faubion, J. D. and G. E. Marcus (eds.) (2009) *Fieldwork Is Not What It Used to Be: Learning Anthropology's Method in a Time of Transition.* Ithaca: Cornell University Press.

Parsons, T., S. Toda, R. Stein, A. Barka, and J. H. Dietrich (2000) Heightened Odds of a Large Earthquake near Istanbul: An Interaction-based Probability Calculation. *Science,* 288, pp. 661~665.

4 理系研究者によるインタビュー調査

2004年インド洋大津波

林 能成
HAYASHI Yoshinari

インドネシア・バンダアチェにて

2006年11月、私はインドネシアのスマトラ島バンダアチェ（図1）の仮設住宅で話を聞いていた。その2年前の2004年12月26日にインド洋で超巨大地震が発生し、この街は大津波に襲われた。インド洋沿岸の国々で22万人を超える犠牲者が出たが、その半分以上がバンダアチェ周辺に集中した。つまり、ここで話を聞いている人たち（写真1）は、未曽有の大災害に遭遇し生き延びた人たちである。その人たちに、どんな場所で地震に遭遇し、その後、どのような状況で津波が襲来し生き延びたのかを丹念に聞き、地震時の様子を克明に記録することを試みていた。

話を聞いているといっても、私は現地で使われているアチェ語も、インドネシアの標準語であるインドネシア語もわからない。現地の大学生が通訳になり、津波被災者〈アチェ語〉通訳〈英語〉私という形で話を聞いていた。また、その場にいた日本人は私一人ではない。名古屋大学教授で地震学が専門の安藤雅孝氏と、愛知県立芸術大学で非常勤講師をしていた日本画家の藤田哲也氏が一緒であった。私も大学院、ポスドク時代の専門は地震学で理系の研究者である。つまり理系の研究者2人と芸術家1人が、インドネシア人の大学生を通訳として、現地の人から話を聞いていたのである。

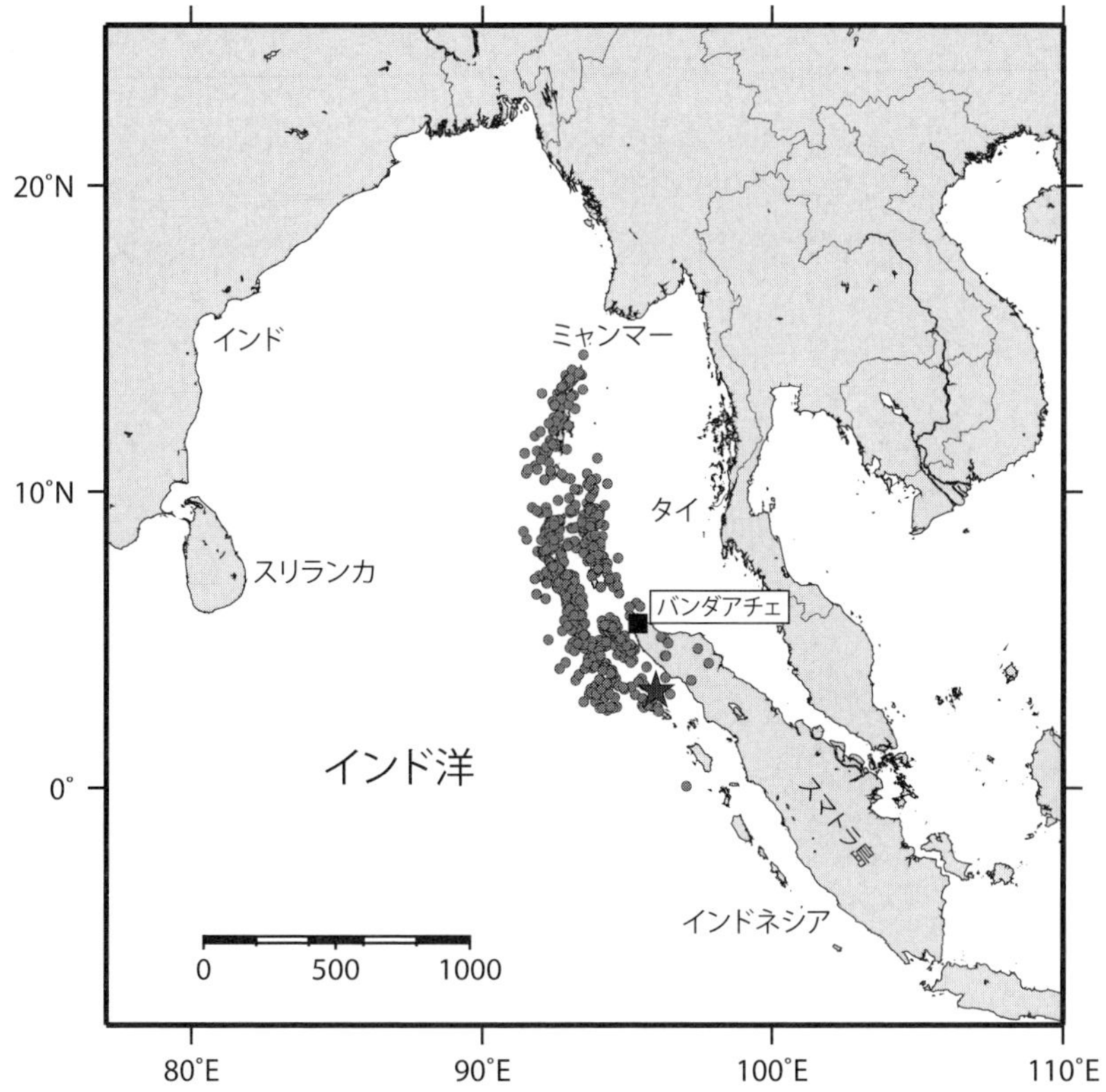

図 1　**2004** 年スマトラ島沖地震の震源域と
バンダアチェの位置関係

バンダアチェはインドネシア・スマトラ島の北端に位置する都市 . 図中の黒星が本震（M9.1）の震央 , 灰色の小丸が本震から 1 週間以内に発生した M4.5 以上の余震を示す．地震直後に余震が発生した領域が本震の際にずれ動いた震源域（津波波源域）とほぼ一致すると考えられる．図中の国名は津波で大きな被害を受けた国を示す．震源データはアメリカ地質調査所（USGS）による．

地震学と防災研究のあいだ

「地震学」と聞いて地震に関するあらゆることを扱う学問だと考える人もいるが、大学などで研究されている地震学はかなり狭い範囲を扱っている。地震学は地球物理学の一分野であり、多くの大学では理学部地球惑星科学科で教育と研究がなされている。そこで扱われるのは地震計でとらえられた「波形」であり、それを物理学の理論を用いて、コンピューターを駆使して調べるのが研究の王道である。そして地震の起こり方や地球内部の構造を明らかにしていく。

近年では、地面の変形を調べる測地学や、地層や地形を調べて地震現象に迫る地質学・地形学といった学問をバックグラウンドにもつ「地震波形を扱わない地震の研究者」も増えてきているが、それでも対象は自然現象に限られている。人や社会は地震によって大きなダメージを受けるが、これらは自然現象としての地震の発生には無関係である。人がいなくても、都市社会がなくても地震は起こる。自然現象の範囲内で地震を追求する立場では、人間は研究とは無関係の存在といってもよい。

一方、災害研究という分野は別にあって、そこでは社会心理学や社会学を中心とした人文社会系の研究者が、土木・建築などの工学系の研究者とともに活躍している。彼らはインタビューや質問紙調査などを行い、災害時の人間や社会に関係する問題を解明している。地震と災害、この2つは近いように見えるが、それを研究する人は案外バラバラなのだ。

私も地震学で博士号を取得したので、大学院生、ポスドク研究員の間は、コンピューターを前に地

写真1　インドネシア・バンダアチェでのインタビュー

震波形を調べる研究生活を送っていた。臨時の地震観測をするためフィールドへ出ることはあるが、それは人里離れた山のなかへの地震計の設置が主な活動である。顕著な地震や火山噴火が起きていない、いわば誰も注目しない時期に観測を実施する場合もある。人を対象としたインタビューをすることは想像もできなかった。ところが偶然の積み重ねから、インドネシアの被災者に話を聞く場に居合わせることとなったのである。

２００２年秋に、災害対策室という組織が名古屋大学につくられた。そこに任期付の助手ポストが２つ用意された。１人は理系、もう1人は文系で、私はこの理系の枠で助手に採用された。

私は大学卒業後、５年間ほどＪＲで新幹線の運行に関係する仕事をしてから大学院に入った。新幹線というのはさまざまな技術が結集してつくられたシステムで、土木、保線、電気、信号、車両、運行管理、人材管理など多様な仕事の積み上げでできている（写真２）。一般の人が目にするＮ７００系などの車両と、それを扱う運転士、車掌は「新幹線」の一部にすぎない。そんな経験があったので、防災も幅広い分野の専門家の参加が必要な新幹線と似た世界なのではないかと以前から考えていた。そして、幅広い専門分野の一つに地震学も入っていて、防災の世界で活かせる場があると思っていたのだ。自然、都市、人間すべてが関係する場で起こるのが災害であり、それを防ぐためには文理融合の総合的な研究が不可欠である。防災を本気でやる

写真２　浜名湖付近を走行する東海道新幹線
新幹線は土木・電気・車両・人間などさまざまな要素からなるシステムで，多くの専門家の分業で安全安定輸送を実現している．

のであれば、理系、文系の垣根があっては難しい。

さて、文系の助手として災害対策室に採用されたのは社会心理学を専門とする木村玲欧氏であった。2003年4月に同時に着任し、2004年からは研究室兼事務室で朝から晩まで一緒に働くことになった。話をする機会が増えると、災害の人文社会科学的研究に私自身が興味をもった。人間の時間感覚は対数的で、（災害後）10時間までと、10時間から100時間まで、100時間から1000時間までがそれぞれ同じくらいの長さに感じられる、といったことを初めて知った。また地震そのものではなく、「地震災害」については知らないことがたくさんあることも思い知らされた。

これは私個人の能力的な限界が大きかったのだが、似た状況は多くの若手研究者でも起きると思う。テーマを絞り掘り下げて追及しなければ博士論文を書くことは難しい。博士号をとったばかりの時に、幅広いことを知っているという人は少数派であろう。

大学院博士課程やポスドク研究員といった時期に「いいテーマ」を見つけ、迷うことなくそのテーマで成果を積み上げることができれば、その分野の研究職につける確率は高まる。でも最初のテーマがイマイチの場合もある。そうすると、その延長に「職」はない。その時とりうる策の一つが、「視野」と「技術」の幅を広げて、研究者が少ない分野を開拓することである。私の場合は純粋な地震学ではなく防災で最初の仕事を見つけることができた。防災の仕事をして、人文社会系防災学者とつきあうことで地震学を活用する道が開けてきた。

地震学者、インタビューを経験する　――東南海地震・三河地震

文理融合で防災研究をするといっても、参考になる見本はなく、われわれもよいアイデアがなかっ

た。そんなときに名古屋大学のある愛知県で第二次世界大戦中に2つの大震災が起きていたことを知った。1944（昭和19）年12月7日に起きた東南海地震と、1945（昭和20）年1月13日に発生した三河地震である。犠牲者数は東南海地震1200人余り、三河地震2300人余りと、明治以降の日本の震災上位10位以内に入る多さである。しかし地震が起きた時期が大戦末期であったため震災報道がほとんどされず、被害調査の記録も乏しく、被害写真はほとんど残されていない。また震災後まもなく本土空襲が激化し、その後に終戦を迎えたため、震災復興と戦災復興が一緒に進んだという事情もある。以上のような理由から、この2つの震災は地元でも知らない人が多かった。

三河地震の被害写真が地元の新聞で紹介されたのをきっかけに、木村さんと一緒に被災者から直接話を聞くことを考えた。その当時ですでに60年も前の出来事であり、存命で記憶のある被災者は70代以上の高齢者である。私はそれまでに被災者の話を聞いたことがなく、また、そんなに昔のことを覚えているものなのか見当がつかなかったが、とりあえず電話をかけて約束をとりつけた。

ご自宅にうかがって話を聞いていくと、地震が起きる前の様子から地震が起きて被害が発生し、その後、生活を立て直していくところまで、非常に克明に震災時の様子が語られた。また、現地に行ったことで、被害写真を見せてもらえただけでなく、地域に残る震災当時の建物や、その当時の暮らしぶりといった震災の背景を理解するのに必要な情報も得られた。

災害に遭遇した人の体験を「聞き書き」で記録していく手法は「災害エスノグラフィー」とよばれ、1995年阪神・淡路大震災の際に日本では一般的になった（林ほか 2009）。日本では死者1000人を超える震災は、1948年福井地震から阪神・淡路大震災まで起きていない。大震災が50年近くも起きなかったので、災害エスノグラフィーという新しい手法を適用した災害研究は、阪神・淡路大震災がその時点では唯一の例であった。

阪神・淡路大震災の研究をしてきた木村さんは、（1）阪神・淡路大震災では記憶が生々しくて、まだ語りにくいような話が三河地震では聞けた、（2）郊外型の災害では地域に存在する資源や外部からの支援が都市型災害とかなり異なる、という2点が重要であると指摘し、三河地震の災害エスノグラフィー調査に意義があると考えた（木村２０１３）。

また貴重な体験談を文章に残すだけでは、あまり活用されないことも気になった。愛知県では東南海地震、三河地震などの地震体験記録集（愛知県総務部消防防災課１９７８）を刊行していたが、文字だけの体験談集であり、防災の現場ではほとんど活用されていなかった。

防災に関する研究は学理の追及のみならず、次に起こる災害の軽減にも生かすことが求められる。そこでインタビュー調査で得られる体験談のなかから「重要なシーン」、「文字では理解しにくいシーン」を絵で再現することを考えた。絵の制作は愛知県立芸術大学の非常勤講師をしていた阪野智啓、藤田哲也の両氏に協力いただき、インタビューに同席してもらって絵を完成させていく手法を確立した（写真3、木村・林２００５）。

三河地震の調査は多くの方の協力のもとにすすめられ、２００4年から２００7年の約4年間に30人あまりの方の体験談を収集し、２００枚の絵画が作成された。一連の調査で集められた体験談は、同時製作された絵画とともに地域の博物館や学校などのさまざまな場面で活用された（写真4、林・

写真3　三河地震のインタビュー調査
画家にもインタビューに参加してもらい，制作した絵の確認を兼ねて複数回の聞き取りを行った．

木村２００６）。体験談を元に構成された三河地震の本を地元の新聞社から出版し、最終的には4刷1万部が印刷され地域で広く読まれることになった（木股ほか２００５）。その後、三重県庁からの受託研究として１９４４（昭和19）年東南海地震についてもインタビュー調査と絵画作成を実施した。

　三河地震、東南海地震の被災体験談を数多く聞くなかで、私は自然現象としての地震についても興味深い証言が出てくることに気がついた。たとえば集落内での局所的な被害の集中は地形や地盤条件と対応していると推測できる場合があった。また、三河地震の余震で観察されたといわれている「発光現象」（地震の際に地面から光が放出され空が薄明るくなる現象）について、光、縦揺れ、横揺れという順番があること、光の強さと揺れの強さに相関があることが示唆される証言が得られた。これまでの地震時の発光現象についての証言は超常現象的な面ばかりが強調されていたが、この調査で得られた証言は物理的なモデルで説明できそうなものであった。また、三重県沿岸の津波襲来時の挙動は場所によって異なり、それは湾の形状などの地形の違いを反映していると予想される結果であった。

　インタビュー調査を主たる調査手法とする人文社会系の研究者にとっては常識かもしれないが、聞く側の知識レベルやインタビュー技術によって語られる内容に大きく違いが出ることは私には驚きであった。上記のような自然科学的な証言は、私が聞き手をつとめていたときに出たものがほとんどである。人文社会系の研究者にとって興味があるのは、震災への対応や家・街の復興など、災

写真4　被災体験の再現画を活用した防災講演会
愛知県安城市.

害発生からある程度時間が経過した時期のことが中心である。それゆえ、彼らは地震で揺れている間や直後のことを限られたインタビュー調査の時間のなかで細かく聞くことはない。また彼らの災害についての知識は復旧・復興期についてのものが多く、地震発生から直後の部分についてはあまり多くないという事情もある。

理系の研究者の多くは「われわれはインタビューの専門家ではないから、そういうことは専門の文系の研究者にまかせておけ」と考えている。しかし、文系の研究者が興味をもって聞くことは理系の研究者とは異なっているので、「文系にまかせておけ」では貴重な情報は得られない可能性が高い。

地球物理学を専門とする島津康男氏（現、名古屋大学名誉教授）は１９７０年前後から資源・環境・災害に関係するさまざまな研究課題に地球物理学の枠を超えて切り込んでいった。そして、その研究スタイルを「一人学際」（島津　１９８３）とよんだ。災害研究には多かれ少なかれ「一人学際」的な側面がある。そこで、私自身もこの研究スタイルを真似してみることにした。

津波との遭遇、津波からの避難

話をインドネシア・バンダアチェでのインタビューに戻そう。この調査で明らかにしたかったことは2つあった。一つは、「なぜ10万人を超えるような犠牲者がバンダアチェ周辺で出てしまったのか？」ということである。もう一つは「地震計などの計測機器からわかったことを超える地震や津波についての知見を人びとの目撃証言から見出せないか？」ということであった。

以上のことを明らかにするためには、地震の揺れ、津波の襲来状況などをできるだけ定量的に知りたい。だが、数字で直接答えてもらうとデータとしては使いやすいが、災害時の記憶ゆえ、その信頼性には疑問が残る。そこで今回のインタビューでは数字を直接聞くのではなく、地震で揺れ始めてからとった行動を順番に追っていくことと、平常時の状況と比べてどう違っていたかを聞くようにした。もちろん数字が聞ける場合には数字で答えてもらう。ここからインタビューで得られた5人の体験談を紹介する。

Aさんは当時33歳。漁師をしていた。地震が起きた日は漁に出ておらず、その時間はまだ自宅で寝ていたが、強い揺れを感じて起き家の外に出た。揺れが強い間は何もできなかった。しかしながら、自分の家も周囲の家も壊れるようなことはなかった。揺れは5分から10分くらい続いたと思う。

揺れている間も屋外にいたため、周囲の様子はよくわかり、音もとてもよく聞こえた。海のほうから何かが爆発するような音が3回聞こえた。1度目の音は揺れ始めてから2分

図2　スマトラ地震津波が迫る

魚市場から海のほうを見たら，潮がひいて海底が見えている沖から大きな波が迫ってくるのが見えた．聞き取り調査をもとに，藤田哲也画．

後くらいで、その後も2分間隔くらいで続けて聞こえた。

揺れが完全におさまらないうちに、近所の漁師仲間20人くらいで海を見にいった。自宅から海岸までは５００ｍくらい離れていた。海岸に着くと、すでに潮がひきはじめていて驚いた。最もひいたときは、２㎞くらい沖まで干上がったと思う。潮がひいたあとにはたくさんの魚がとり残されていて、一緒にいった人をはじめ、たくさんの人が「ラッキーだ！」と言いながら魚を獲っていた。

そうこうするうちに、海底が露出している沖合から高い波が迫ってきた。波の色は黒っぽかった。異常な波を見たので、家族と一緒に裏山へ逃げようと思い自宅へ急いだ。しかし自宅に戻っても誰もいなかったので、１００ｍくらい離れた母の家へ向かった。その途中で妻と子どもたちに会えたので、急いで高いところへ逃げるよう促し一緒に逃げた。妻は物を持ち出すために自宅へ寄りたいと言ったが、そんな余裕はないと言ってやめさせた。１５０ｍほど離れた山へ向けて一直線に走り、丘の上の高いところまで逃げることができた。津波は山のふもとまで到達した。

Ｂさんは当時40歳。農場を経営していた。地震のときはバンダアチェから40㎞ほど離れた村にある自宅にいた。自宅は海岸から２００ｍほどのところにあった。揺れは15分くらい続いたように感じた。息子の１人が海岸へ行っていたのだが、地震直後に帰ってきて「お父さん、海がすごい勢いでひいているよ」と言った。前の晩にバンダアチェから釣り人が来て「海がひいたら大変なことが起こる」と話をしていたのを思い出し、急いで子どもたちをつれて山へ逃げた。その釣り人も一緒だった。近所の人も一緒に１００人くらいが逃げた。

山裾まできたところで水がせまってきて足は水につかってしまったが、なんとか高いところへ上ることができた。最初の津波は高さが３ｍくらいだったが、その後ろには10ｍ以上の高さの波が続いていた。色は濁った茶色だった。

Cさんは当時42歳。漁業と農業を半々くらいでやっていた。自宅は海岸から2㎞ほど内陸に入った高台にあった。

地震が起きたときは海岸近くのコーヒーショップでコーヒーを飲んでいた。椅子に座っていたが、揺れがだんだん強くなり、いろいろなものが倒れそうになってきたので、近くにあった自分のバイクをおさえていた。揺れは10分くらい続いたと思う。揺れがおさまって、まず自宅を心配した。一緒にいた2人の娘（当時14歳と3歳）をバイクに乗せて自宅へ帰った。自宅には妻と息子が残っていたが、家族にも家にも被害はなく安心した。

しばらくすると、奇妙な爆発音が海のほうから聞こえてきた。何の音なのかを確認するため、海岸沿いのコーヒーショップへ戻ろうと思いバイクで走りだした。途中の見晴らしのよいところまで来ると、海岸沿いの集落はモスクの屋根だけを残してすべて水没しているのが見えた。そして、す

写真5　スマトラ地震津波の調査

バンダアチェでのインタビューでは，津波に遭遇した場所で話を聞く機会もあった．その後，震災モニュメントとして保存された屋根にのっかった漁船付近で調査の様子．

ごい勢いで海の水が近づいてくるのも見えた。海の水は湾全体から浸入してきており、別の入り江から侵入してきたものもあって、その両者が集落のなかで合流して1つになっていた。津波の色はミルク入りコーヒーのようだった。

急いでバイクを反転させて自宅へ戻った。そして家族を連れて山へ走って逃げた。山へ上る道はバイクでは通れないので走った。山の上に3時間ほど滞在し、昼12時頃になって自宅へ戻った。自宅は少し水につかった程度で大きな被害はなかった。

Dさんは当時24歳。溶接工の仕事をしていた。地震がおきたときは職場の作業場でまだ寝ていた。揺れで目がさめ、飛び起きて外にでて揺れがおさまるのを待った。地震の揺れは5分くらい続いた。揺れがおさまってから、部屋に戻って服を着て近くのコーヒーショップへ向かった。コーヒーを注文し、他の客や店の人と地震の話をしていた。コーヒーを半分くらい飲んだところで、「水がひいているよ」と海岸にいた人が店に来て話した。自分の目で確認したくなり、近くの川にかかっている橋まで行ったところ、川も干上がっていた。

大きな揺れや海が干上がるという経験のない異常なことが続き、自宅が心配になった。バイクにのって800mくらい内陸に入った自宅へ向かった。ドンドンドンという銃撃音のような音が3回くらいしたが、独立紛争で普段から銃撃音が聞こえていたのでたいして気にしなかった。その直後、近くにいた子どもが「水がきた」と言ったので振り返ったら電柱が水で倒されるのが見えた。すぐにその子どもを抱きかかえ、一緒にいたお母さんには「逃げろ！」といって10mほど走った。後ろを見たら背後20mくらいのところまで水が迫っており、3歩くらい走ったところで津波に飲み込まれた。水のなかで3回くらい回転させられて記憶がなくなった。

数百mながされた。抱えていた子どもに「おきて」と言われて気を取り戻したら家の中の机の下にいた。そのときには、もう自分のまわりには水はなかった。自分は手足に少し怪我をしていたが、子どもは無傷だった。自分たちのまわりには他に人影は見えなかったが、しばらくすると何人かの人がやってきて救助された。

Eさんは当時28歳。漁師をしていた。地震が起きたときは海岸脇にある魚市場にいた。揺れは5分くらい続き、市場の建物は一部が壊れた。揺れが収まって10分くらいすると、海岸から沖へと海水が引いて海が干上がってしまった。

経験のない異常なことであったが、その場に留まり市場にいた他の漁師らと話をしていた。そして、しばらくすると、沖のほうから水が迫ってくるのが見えた（図2）。

これは大変なことが起きるに違いないと思

図3　スマトラ地震津波から逃げる

家族4人が1台のバイクに乗り，クラクションを鳴らしながら全速力で内陸へ向かって逃げた．聞き取り調査をもとに，藤田哲也画．

い、150mほど離れた自宅へバイクで帰り、妻、5歳の息子、1歳の娘を大急ぎで連れ出した。1台のバイクに家族4人が乗り(図3)、とにかく海から離れる方向へ走った。道には大勢の人がいたが、皆よけてくれた。バイクのクラクションをトラックのものに改造していたので、トラックが来ると思ってよけてくれたのかもしれない。

逃げるときは全速力だったので、時速80㎞くらいは出ていたように思う。後ろで何が起きたのかを振り返る余裕はなかったが、ともかく逃げ切ることができた。

体験談からわかった教訓と次の災害への備え

バンダアチェを襲った地震は、世界各地で観測された地震波形から解析した結果によると次のようになる。この地震はインド・オーストラリアプレートがユーラシアプレートに沈みこむ境界で発生したプレート境界型の地震であった。マグニチュード9・1という大きさは、地震計で観測された歴史上の地震のなかでは3番目に大きいもので、1960年チリ地震、1964年アラスカ地震に次ぐものであった。この大きさの地震になると震源域はきわめて広大なものとなるが、この地震の震源域は長いのが特徴である（図1参照)。インドネシアのスマトラ島北端沖からインド領アンダマン・ニコバル諸島まで約1000㎞の長さをもち、この震源域がバンダアチェをはじめとしたインド洋沿岸の諸都市を襲った津波の波源域となった。

震源域は南北方向に長いが、東西方向には短く、細長い形状をしている。そして津波で大きな被害を受けたスマトラ島からは、やや離れたインド洋の海底下に位置している。それゆえ津波がインド洋を伝わり、バンダアチェ周辺の海岸を襲来するまでには、地震の発生から30分以上の時間があったと考えられている。

前節で紹介した体験談では、すべての人が地震の揺れから津波の襲来までにある程度の時間があり、その間に多くのことをしていた。この時間を見積もると、いずれのケースも地震の揺れはじめから津波の襲来まで20分から40分程度の時間があったと考えられる。地震学で推定された地震断層すなわち津波の波源は、人びとの津波被災状況と照らし合わせても大きな矛盾はなさそうである。

津波襲来までに30分近い余裕時間があったが、バンダアチェの人びとはこの時間を使ってうまく避難できているわけではない。ほとんどの人は津波が来るとは考えていなかった。

インド洋でマグニチュード9クラスの地震が起きた記録はこれまでなく、現地の人の大半は、地震は知っていても津波は知らなかった。歴史をさかのぼると津波をともなう地震がスマトラ島沖合で１９０７年に起きていた記録があるが（金森 ２０１３）、バンダアチェ周辺では完全に忘れられてしまっていた。オランダによる植民地化がスマトラ島まで及び、第二次世界大戦後にはインドネシアとして独立し、その後、アチェ独立運動が激化したという、この地域の20世紀激動の歴史が関係しているのかもしれない。あるいはアチェ語を表記する文字が以前はアラビア文字であったものが、インドネシア独立後はラテン文字になったためかもしれない。いずれにしろ、津波に関する地域の記憶は失われてしまっていた。

生き残った人びとはたまたま標高の高い場所にいて自身の目で津波を見たか、「聞き慣れない音」をきっかけにして避難をした人たちであった。これは「次に何が起こるのか、様子を伺い続ける」ことの重要性を教えてくれる。

東日本大震災が起こる約１カ月前の２０１１年２月４日、私は横浜で「津波避難の諸問題」という講演をした。ここで紹介したバンダアチェの津波体験談をもとに藤田哲也さんが描いた絵も使い、「日本では津波のことは多くの人が知っているので地震の直後に避難を開始すると思いますが、インドネシアでは・・・」という感じで話をしていた。しかし東日本大震災の被災状況をみると、とくに宮城県や福島県では避難が遅れて津波に飲みこまれてしまった人が少なくない（Ando et al., 2013）。津波避難の重要性を地域で記録して引き継いでいくことは重要であるが、他の地域で起きた災害の教訓を世界全体で共有していくことがますます重要になってきたと感じている。

参考文献

愛知県総務部消防防災課（１９７８）『地震体験記録集――関東大地震・東南海地震・三河地震――』愛知県.

金森博雄（２０１３）『巨大地震の科学と防災』朝日新聞出版.

木股文昭・林 能成・木村玲欧（２００５）『三河地震60年目の真実』中日新聞社.

木村玲欧・林 能成（２００５）被災体験の絵画化による災害教訓抽出・整理手法の提案――１９９４年東南海地震・１９４５年三河地震を事例として――、「歴史地震」20, pp. 91~104.

木村玲欧（２０１３）『歴史災害を防災教育に生かす――１９４５三河地震』古今書院.

島津康男編（１９８３）『国土学への道』名古屋大学出版会.

林 春男・重川希志依・田中 聡・ＮＨＫ「阪神淡路大震災秘められた決断」制作班（２００９）『防災の決め手「災害エスノグラフィー」――阪神・淡路大震災秘められた証言』日本放送出版協会.

林 能成・木村玲欧（２００６）地震災害の危険性をいかにして伝えるか、「京都大学人環フォーラム」19, pp. 26~31.

Ando, M., M. Ishida, Y. Hayashi, C. Mizuki, Y. Nishikawa, and Y. Tu (2013) Interviewing insights regarding the fatalities inflicted by the 2011 Great East Japan Earthquake, *Nat. Hazards Earth Syst. Sci.*, 13, pp. 2173-2187.

Part II

現場を記録し、次につなげる

社会的な過程としての災害はそのつど異なる相貌を示し、まったく同じことが繰り返されはしない。**Part II**は、そのなかで何をとらえ、誰に伝えていけるかを問題とする。▼佐藤は東日本大震災で生まれた新しい試みの経験を共有する。超広域災害に対し、被災者である市民といかに協働し、被災・復興の姿を記録していけるか模索する。▼田中は自治体の被災直後の対応を観察する。円滑に進むことが被災者の生活再建に資する「業務」において、現場での試行錯誤をいかに制度のなかに取り込めるか考える。▼大矢根は被災住民による、生活を取り戻す工夫を次の被災地につないでいく過程を描き出す。そして、外から来る研究者はそこにどのようにかかわるのかを問いかける。

5 超広域災害に立ち向かう
東日本大震災被災地での住民参加・組織型フィールドワークの試み

佐藤 翔輔
SATO Shosuke

3・11あの日から

「君はすぐに仙台に行ってください。」――これは、2011年3月11日14時57分に受信したメールである。送り主は、当時の指導教員だった林 春男教授（京都大学防災研究所）である。当時その半年ぐらい前に東北大学（宮城県仙台市）に着任することが内定していた。著者の着任予定地が、これから大変な事態になることを予見した師は、地震発生から約10分後に、現地に即刻向かう指示をした。同日中に支度をととのえ、20時頃に京都を出発し、鈴木進吾助教（京都大学防災研究所、宮城県岩沼市出身）とともに京都から自動車で現地向かった。途中降雪や通行止めに見舞われながらも、翌日3月12日の正午頃、なんとか仙台市内に入ることができた。その後しばらくは、現場の先遣隊として活動することになる。

半月ほどが経ち、年度初めの2011年4月1日を迎えた。当時、東北大学には東日本大震災が発生する以前から「東北大学防災科学研究拠点（東北大学災害科学国際研究所の前身組織）」という、学内における災害・防災研究者の連携組織が存在していた。当時、著者は同拠点の専任教員として採用されており、震災発生後に初めて行われた第1回目の拠点会議に出席した。ここでは関係する教員からさまざまな意見が出され、今後、被災地の大学・研究機関として、この「東日本大震災」にどう向き合っていくかについて活発な議論が交わされた。その議論のなかで、同拠点メンバーだった阿部恒之教授（東北大学大学院文学研究科）から、東日本大震災の「記録」をとっていくことの重要性について指摘があった。その後の拠点会議にて、以前より災害のアーカイビングに携わっていた経験もあったことから、著者のほうから災害の記録やデータベースに関する研究事例について情報共有を行った。このことを契機にして、後述する東北大学で行う東日本大震災の記録に関するプロジェクト「みちのく震録伝」を担当するようになる。

超広域災害を目のあたりにして

「災害」を研究する者のうち、「社会現象としての災害」に関心がある者は、研究対象となった被災地を訪れて、多かれ少なかれ何らかの「フィールドワーク」を実行する。東日本大震災でも、発生以降、多くの災害研究者が被災地社会を訪れている。

東日本大震災の被災地を対象としたフィールドワークには、最近50～100年で発生した災害には見られなかったある一つの大きな問題がある。それは「被災地の広さ」である。東日本大震災は「超広域災害」と称されることもあり、この災害による影響が及んだ地域は非常に広い。これが、一人の研究者が被災地全域を丹念にフィールドワークすることが実質的には、かなり困難であることを意味している。

そこで東北大学災害科学国際研究所では、「みちのく・いまをつたえ隊」という住民参加型・組織型の広域フィールドワークチームを立ち上げた。被災地に近い大学として、広域で系統的なフィールドワークを行うチームを組織・運営することは、研究のみならず、社会的な役割として大きな意味をもつと考えた。本稿では、その「みちのく・いまをつたえ隊」の全容について説明する。

「みちのく・いまをつたえ隊」を立ち上げ、運営する

（1）運営体制

はじめに、「みちのく・いまをつたえ隊」の組織・運用体制について述べる。

「みちのく・いまをつたえ隊」の活動は、東北大学災害科学国際研究所による東日本大震災アーカイブプロジェクト「みちのく震録伝《しんろくでん》」の一環で行っている。(注1) これは、東日本大震災を取り巻くさまざまな事象に関する「情報」や「記録」を、今後災害に見舞われるであろう国内の地域や海外に、また、これからの未来の世代に、発信・共有しようとする試みである。震災に関する文書、写真、動画、音声を網羅し、東日本大震災という、忘れてはならない経験を広く共有し、今後の防災・減災につなげようとする計画である（今村ほか２０１２）。

みちのく震録伝として、「みちのく・いまをつたえ隊」を組織・運営するにあたっては、隊員（被災地の住民）を直接、雇用・マネジメントするのではなく、委託機関を通して行っている（図１）。これは、研究を生業とする大学には、運営にかかわるノウハウが充分にないこと、運営にともなうさまざまなコストがあることから、関連業務を専門とする機関に委託することが妥当であると考えた。なお、今回は、調査会社で、かつ地元に事務局のある株式会社サーベイリサーチセンター東北事務所を委託機関とした。

委託に関する費用は、第1期（２０１１年度：２０１２年１～３月）および第2期（２０１２年度）は、科学技術振興機構（ＪＳＴ）やＩＢＭなどからの研究助成・寄付によって支援いただいた。第3期（２０１３年度）は、自己財源などによって行っている。

求人公告によって隊員を募集した。第1期においては、時間制約もあったため、地方自治体消防のＯＢからも人材確保の協力を得た。隊員ごとに、担当エリアを定め、宮城県沿岸15市町それぞれに1名配置した。仙台市には、沿岸に若林区と宮城野区があるため、２つの区にそれぞれ名を配置しており、第1期は合計で16名となった。第2期は、第1期からの継続希望者ならびに新規募集で、16名配置した。第3期は、第2期の継続希望者10名で運営した。

隊員がフィールドワークを行う前には、合同で研修会を行った。研修マニュアルは、①レクチャー編、②ルーティンワーク編、③安全マニュアル編の3編からなる。

①レクチャー編は、活動の全体概要版であり、活動の目的のインストラクションに始まり、服装や、インタビューの協力依頼、電話応対、訪問などの注意事項といったフィールドワークのマナー、庶務にかかわる事項からなる。

②ルーティンワーク編は、隊員によるフィールドワークの方法そのものを教示するものであり、写真撮影、紙資料の収集、インタビュー

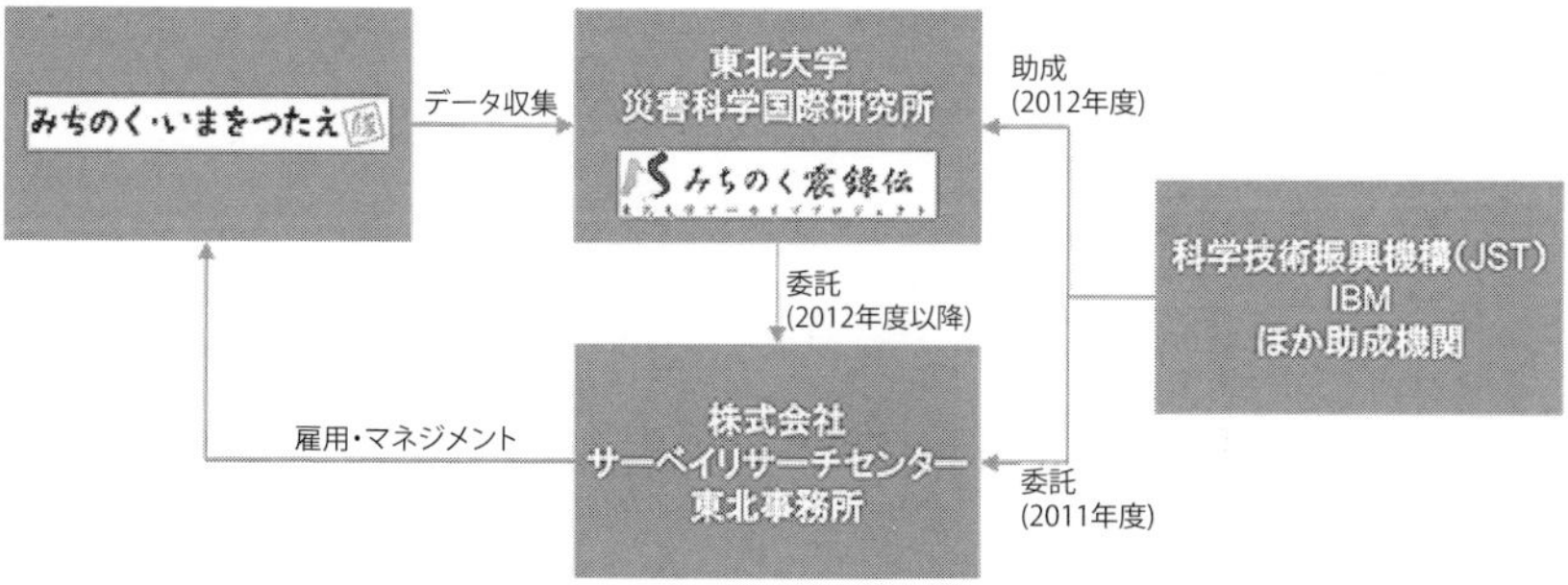

図1　みちのく・いまをつたえ隊の運営体制

のそれぞれの方法について記している。

③安全マニュアル編は、運転中や歩行時の心得、地震発生や津波警報などの発令時の対応方法、緊急連絡の方法について示している。これらのマニュアルを用いて、活動内容のインストラクション、機器の仕様操作方法、ロールプレイング、グループ討議を、初期研修にて行った（写真1）。

（2）フィールドワークの方法とサポート

隊員には、①写真撮影、②インタビュー、③紙資料の収集の3点を依頼した。

①写真撮影は、GPS機能内蔵デジタルカメラを携行し、担当エリア内の写真撮影を継続的に実施した（岩崎ほか 2012）。主な撮影内容は、被災状況、がれき処理状況、復旧活動状況、看板やポスター・チラシなどの掲示物、仮設住宅の生活状況やイベント、ボランティア活動などの様子、地域イベントの取材などである。

②インタビューは、住民、ボランティア、行政や各種団体、企業・商業関係者などへのインタビュー形式の取材活動を実施した。了承が得られた場合はボイスレコーダーによる音声記録を行い、了承が得られない場合は活動員の手記によるインタビューシートを作成した。

写真1　研修の様子

③紙資料の収集は、地域で配布されたイベントなどのチラシ、広報誌などの紙資料の収集を行った。

図2に隊員の1日の活動フローを、写真2に活動の様子を示す。

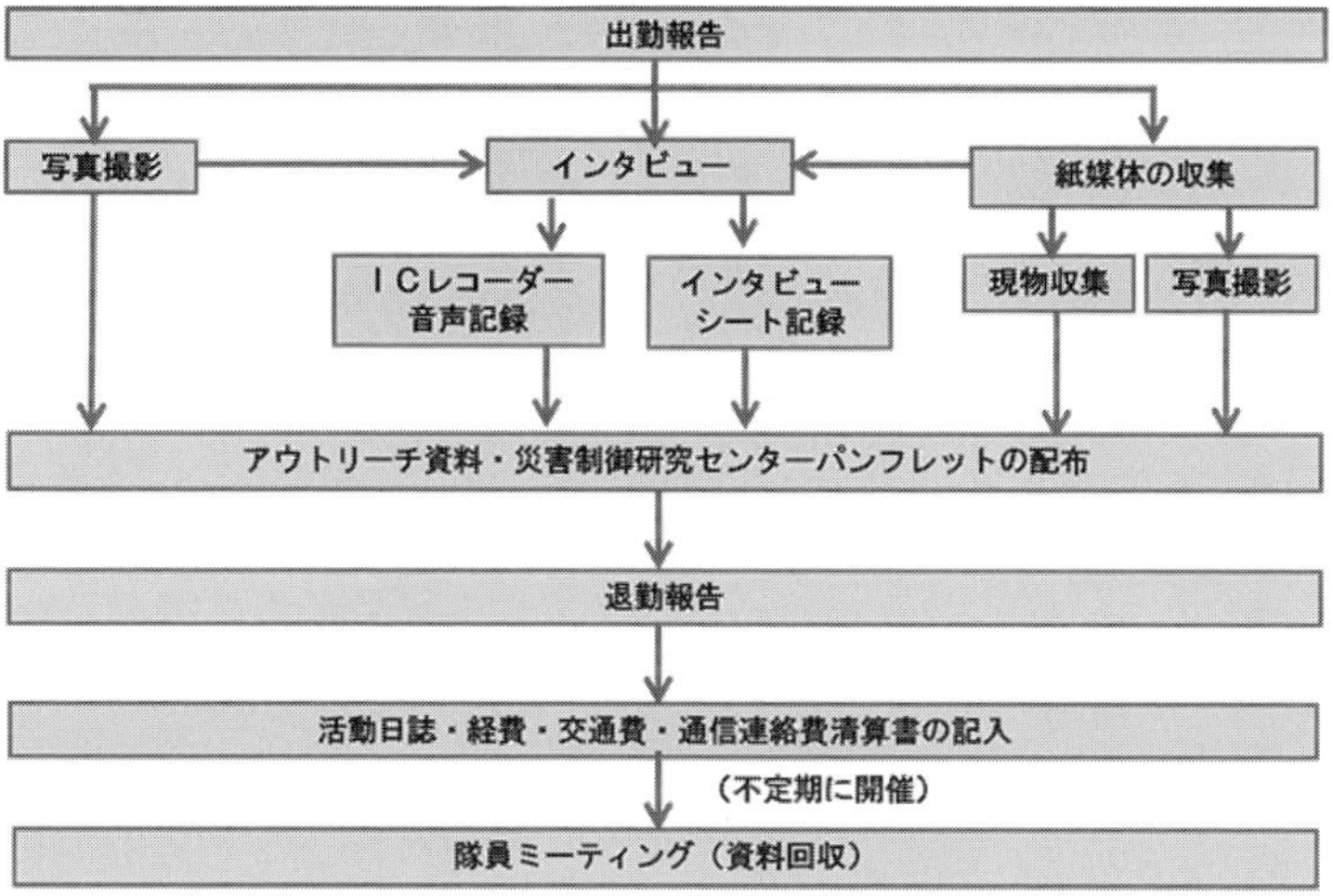

図**2**　隊員の活動フロー

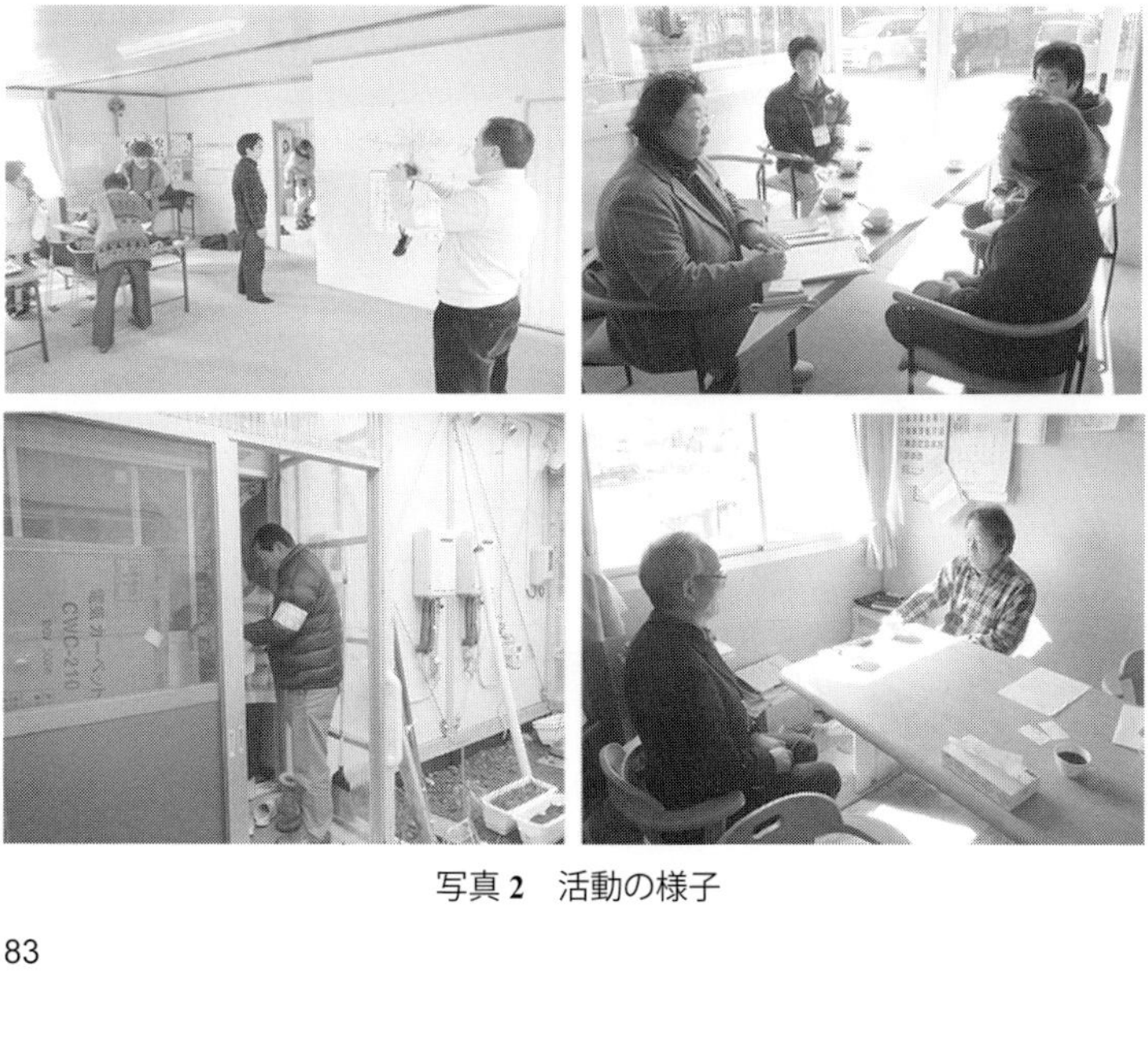

写真**2**　活動の様子

なお、隊員には、デジタルカメラ以外にも、次のような物品を携行してもらった。

研修マニュアル、隊員証明証、腕章、GPS機能内蔵デジタルカメラセット、ICレコーダー、携帯ラジオ（緊急情報受信用）、活動バッグ、インタビューシート、作業日誌、同意書・肖像権承諾書、アウトリーチ資料、活動主体説明パンフレット、活動依頼文書、ドキュメントファイル（収集資料保管用）、リングファイル、地図・タブレット端末、隊員名刺、みちのく震録伝のステッカー（写真3）。

活動期間中は、①中間研修、②事務局による隊員電話相談、③隊内報（ニュースレター）の3つの方法で、隊員の活動のフォローアップを実施した。

①中間研修は、収集データの検収を行うほか、隊員同士の活動経過報告や座談会を行った。ここでは、活動において、うまくいったケース、うまくいかなかったケースを共有したり、活動における困り事について相互に相談しあった。

②事務局による隊員電話相談は、平日常時、委託機関で開設している。隊員の活動中や非活動時間中でも、隊員が現場で直面した困り事について、適宜、報告・相談を受け付ける電話窓口である。

③隊内報（ニュースレター）は、中間研修の時間

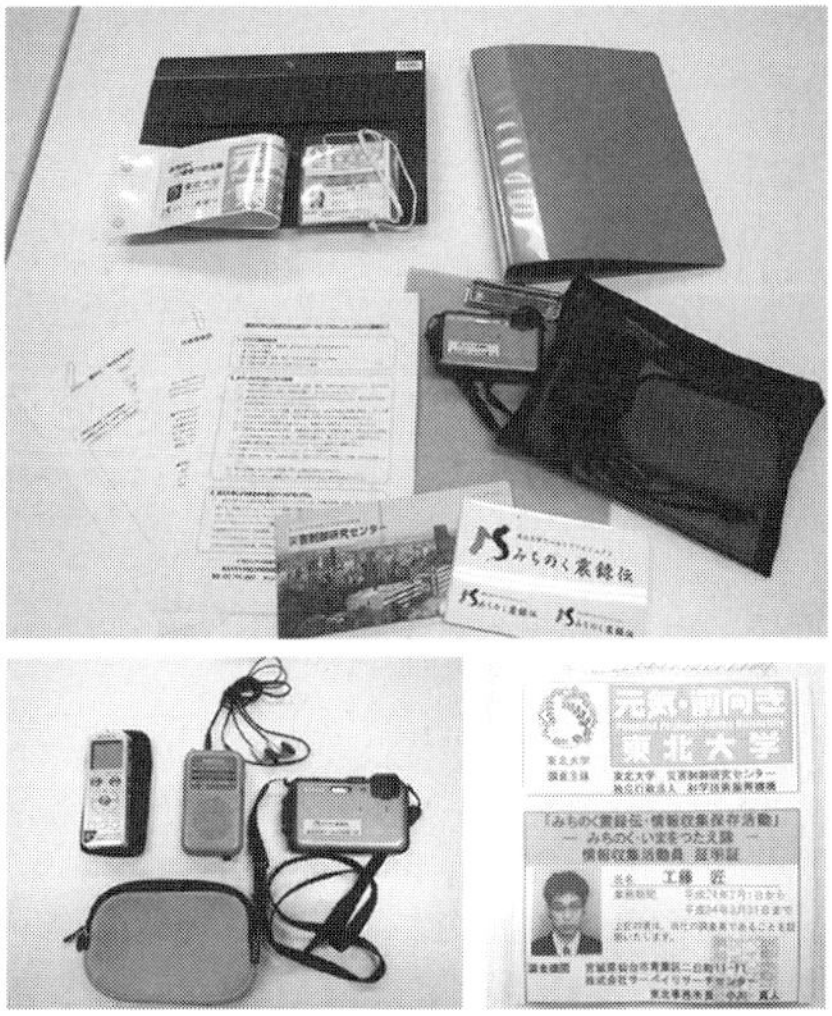

写真3　隊員の携行物件

内に充分にアナウンスやレクチャーすることのできなかった点の補足（デジタルカメラのGPS受信設定など）、随時提出されるデータに対する品質管理（インタビューシートの書き方など）、隊員から事務局によく寄せられる相談内容（FAQ）などを記し、隊員に配布した。隊内報は、2カ月に1回程度発行した。

（3）ICT技術を活用した組織型フィールドワーク

前述したように、隊員にはICレコーダーとGPS機能内蔵デジタルカメラを携行してもらった。前者はインタビューを録音するもので、一般的な面接調査で用いられている。後者は、位置情報（X-Y座標）付きのデジタル写真を撮影するものであり、撮影された写真をアーカイブデータとして公開する際に位置情報をメタデータとすることができる。図3に2012年1月～3月までの活動で撮影されたデジタル写真の空間分布を示した。宮城県内の津波浸水エリアの大半をカバーしており、活動における一定の空間的な網羅性を確保できていることがわかる。

このように、フィールドワークの経過を簡易に可視化できることは、多人数のかかわるフィールドワークの全体の

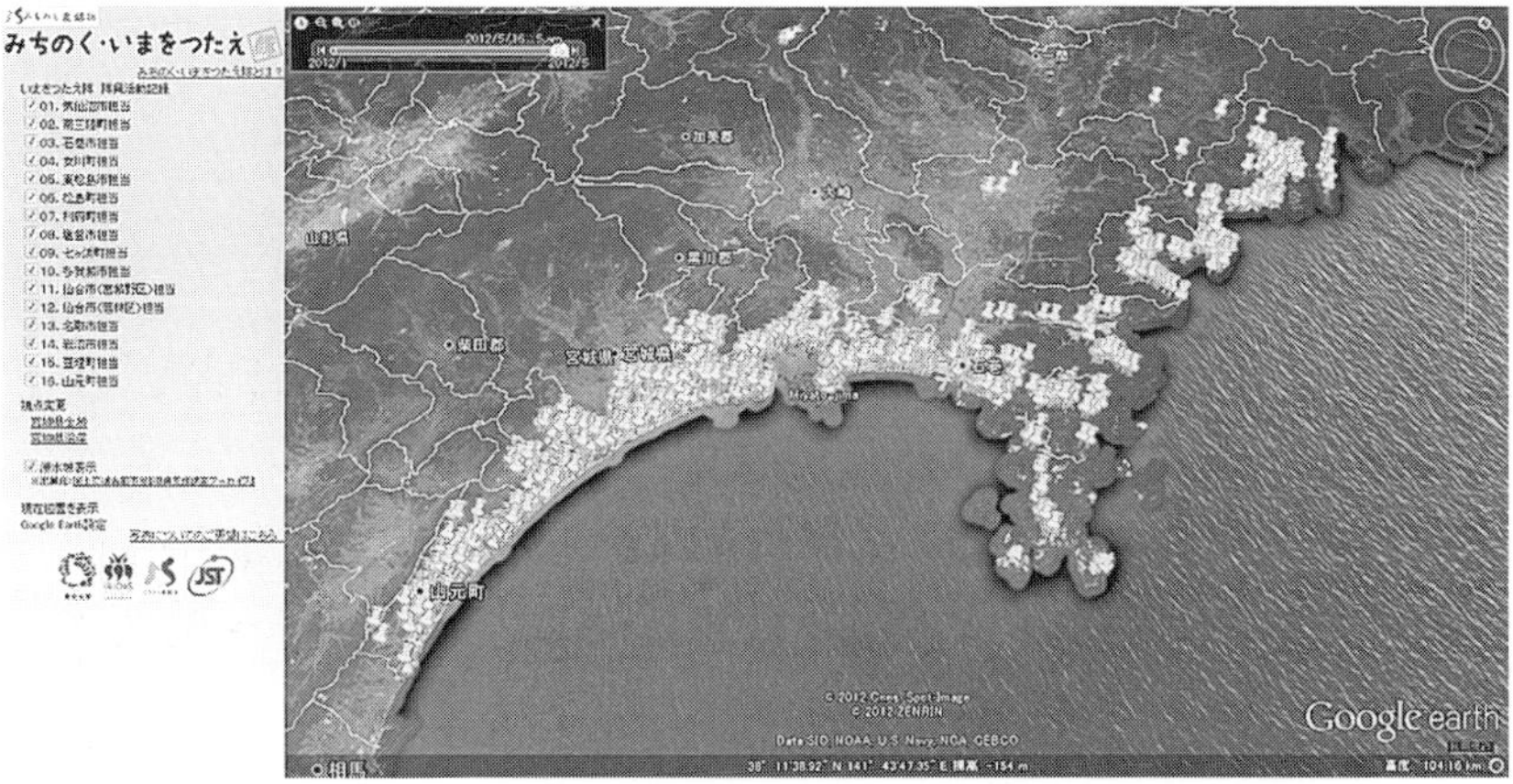

図3　みちのく・いまをつたえ隊が撮影したデジタル写真の空間分布
みちのく・いまをつたえ隊フォトマップ
http://michinoku.irides.tohoku.ac.jp/tsutaetai/MichinokuInfo.html

品質や進捗の管理を行ううえで有効である。なお、活動中に定点観測されたデジタル写真については、専用のウェブサイトを設置して、宮城県沿岸の復興に向けての風景の変遷を誰でも閲覧することができるようにしている（図４）。

以上のいずれのツールも、近年のフィールドワークでは、一般的に多用されている。みちのく・いまをつたえ隊の活動では、フィールドワークの新たな試みとして、①収集データのファイルアップロード・転送システム、②タブレット端末および活動支援アプリケーション、③Facebookによる活動状況の発信を行っている。

①収集データのファイルアップロード・転送システムは、活動中に撮影したデジタル写真やインタビューの録音データを事務局に転送するものである。活動の初期段階は、中間研修に電子ファイルを持参し、研修中にデータを吸い上げる方式や、事務局が各隊員の担当エリアまでおもむいてデータを回収する方法などが取られていた。しかしながら、これらの方法には移動コストがともなう。そこで、フリーで公開されているファイルアップロードシステムを援用し、データ提出の作業の円滑化を行った。今回の活動では、Yahoo!ボックスを利用した。月に1回、月末にファイルを転送する作業

図４　みちのく・いまをつたえ隊が撮影した定点写真の公開サイト
「カワル　みちのく風景」　http://michinoku.irides.tohoku.ac.jp/photovr/map.html

を新たに加えることで、定期的にかつ迅速に収集データの回収が行えた。

②タブレット端末および活動支援アプリケーションは、出退勤の報告、日報の作成、電話、メッセージの送受信の支援を行うものである。活動の初期段階においては、これらは、隊員と事務局との電話応答などで行われていたが、導入後は、事務局側の負担軽減や活動ログの電子管理が行えるようになった。図５にタブレット端末の画面例を示す。

③隊員の活動状況については、準リアルタイムに、Facebookによる発信を行った（https://www.facebook.com/imawo.tsutaetai）。みちのく・いまをつたえ隊に活動については、活動開始時点の２０１２年２月の時点で、隊員が

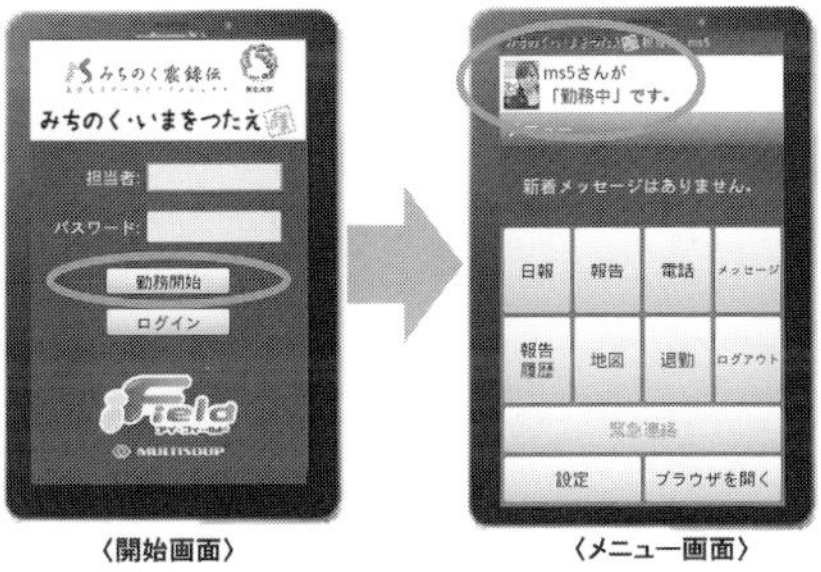

図**5**　活動支援アプリケーションの画面例（出勤報告）

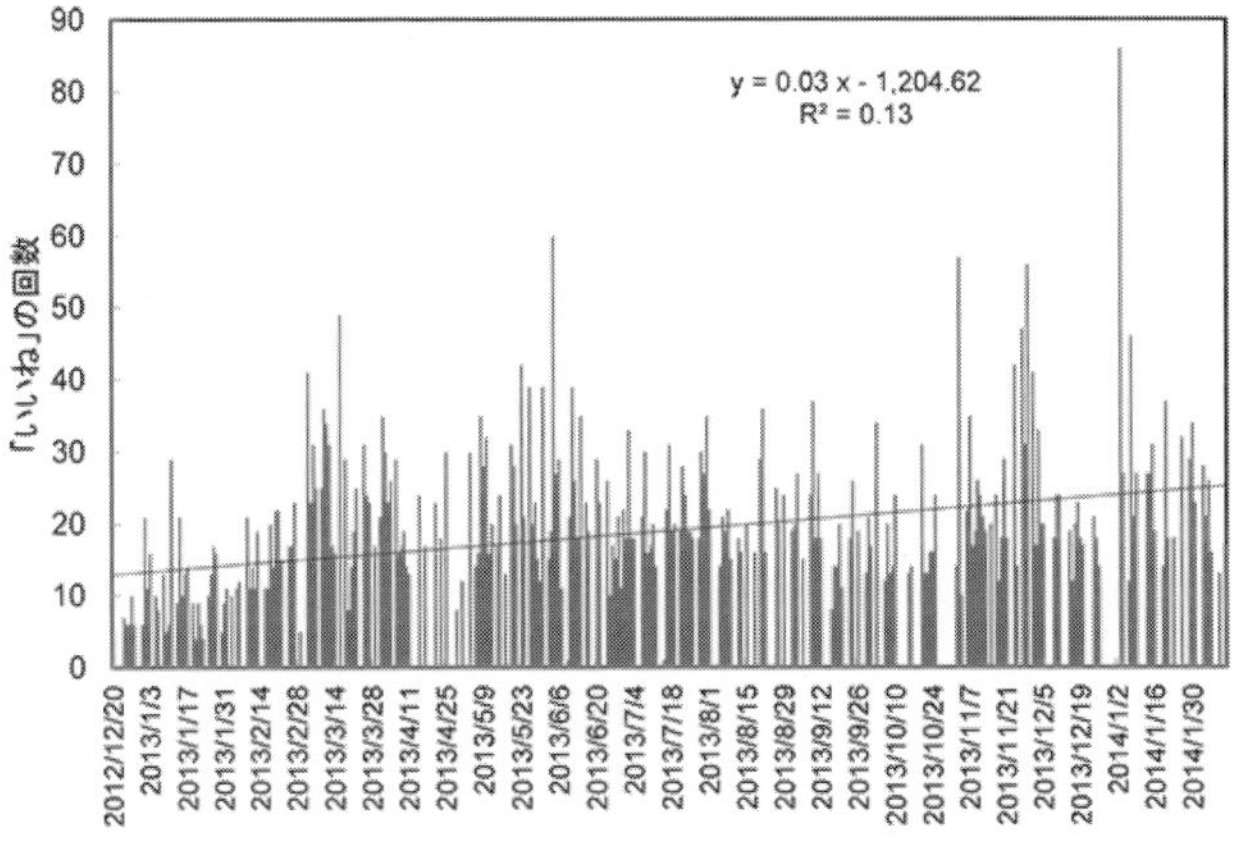

図**6**　みちのく・いまをつたえ隊の**Facebook**ページにおける各投稿に対する「いいね」回数

宮城県沿岸市町で活動することを宣言するプレスリリースを出したものの、現場や世間一般におけるみちのく・いまをつたえ隊に対する認知度はあまり高くない。そこで、そのような状況を改善することを意図するとともに、同時に東日本大震災の被災地の現状を発信することを目的として、みちのく・いまをつたえ隊に情報公開用にFacebookアカウントを設けた。本稿執筆時の２０１４年２月時点では、３２６名が閲覧登録されている。なお、隊員からの各投稿に対する「いいね」回数も、ページ開設から２０１４年２月にかけては平均18・3と決して多くはないものの、最大の回数で86回（２０１４年１月３日の投稿）であり、全体として上昇傾向にある（図６）。

「みちのく・いまをつたえ隊」がフィールドワークを実践する

（1）活動の「しやすさ」と「むずかしさ」

みちのく・いまをつたえ隊の隊員は、大小はあるものの、なんらか東日本大震災によって影響を受けた被災者である。本来、被災地での雇用促進を意図として採用を試みたが、これが現場で思わぬ効果を発揮している。

隊員自身が被災しているということもあり、このたびの震災に関する経験や何らかの強い思いをもっている。また、隊員それぞれがもつ地場のネットワークそのものが「被災者間のつながり」でもあり、話をうかがうことのできる方を次々と紹介していただくこともできている。震災を経験して、「この震災の記録を残す意義」を強く感じた方が、従前からもっていた地域の方との信頼関係を活かすことで、通常の研究者が行うようなフィールド調査では得られない貴重な記録や情報を集めており、効果的な情報の収集が行われている。

また、対象者と隊員が同じ震災に対する体験をもっているほか、ほぼ同じ地域に住んでいることの効果も大きい。「外部の人間ではない」ということが作用し、一般的に外来者が行うフィールドワークに比べて比較的、ラポールが形成されやすい。さらには隊員自身が被災地で居住しているため、地域メディアからの情報が入手しやすいほか、クチコミ等でも情報が入りやすく、現場にはりついていなくとも、インタビューや写真撮影の場所の選定が比較的容易に行える。

活動開始からまもない頃、第1回目の「中間研修」を実施した。ここでは、数回の活動を経験した隊員から「悩み」の発言が爆発した。隊員にとってインタビューは、かなり難しさがあったようである。

一つは、インタビューの技術的な困難性である。今回の活動におけるインタビューでは、対象者に対して具体的な設問を設けないスタイルをとった。「震災発生時の行動」などの具体的なテーマを設けてしまっては、時間の経過とともに変化していく被災地の現状を適切に捉えることは困難であると考えた。被災者を対象にしたインタビュー調査では、問わず語りで被災の経験や復興に向けての過程を時系列にうかがう災害エスノグラフィー・インタビュー（林ほか２００９）のスタイルで行うことで、インタビュワー（聞き手）の関心を排除し、対象者自身の言葉やおもわぬ発見があるといわれている。みちのく・いまをつたえ隊の活動においても、特段の設問を設けない、傾聴形式でうかがうことにした。しかし、「具体的な設問がない」「傾聴する」という方法は、インタビューの非専門家である隊員には、かなり難しかったようである。中間研修の際には。「会話が膨らまない」「聞いているだけでは、なかなか話がはずまない」などの意見が聞かれた。これに対しては、研修におけるレクチャーやロールプレイングによって、ノンバーバル・コミュニケーションの重要性や、話が途切れたときの次の話題の促しなどについてインストラクションを行うなどの対応を行った。一定の改善は見たものの、隊員がなおも抱えている悩みの一つである。

もう一つは、隊員と対象者の距離の近さにある。前述では、その近さが活動を効果的なものにしていると言及したが、ここではその正反対のことを述べる。同じ地域に住んでいれば、両者が何かしらの利害関係にあることも少なからずあり、インタビューにおいて具体的な話を聞けなかったり、インタビューそのものが実施できないケースもあったようである。これは、外来者が行うインタビューとまったく性質が異なるものであるあり、地域住民が行うインタビューのメリット・デメリットはトレードオフの作用があるといえる。

こういった「悩み」については、前述した中間研修にて、直接面と向かって議論をする座談会や電話相談等で、「悩み」に共感しつつ、一つ一つ解決の糸口をさぐっていった。この点、通常は、学部生・大学院生にフィールドワーク技法を教授するのとは大きくわけが違う。隊員は社会人であり、かつ被災者である。被災の当事者である隊員が現場を観察する、という意味について、事務局のわれわれが、その気持ちに寄り添う必要があった。

（2）隊員の工夫と成果

活動を円滑化のために、隊員それぞれが工夫を行う場合がみられた。

まず、できるだけ不信感や警戒心を抱かれないように、最初に自治会長など、集団のトップの方とラポールを形成し、その方から対象者を紹介してもらうようにする、個々のインタビューの場で目的や自身の身分をしっかり説明するよう心がけている、などの工夫が挙げられた。さらに、インタビューに際して、腕章やアウトリーチ資料はもちろん、身だしなみを徹底し、さらにみちのく震録伝が掲載された新聞記事のコピーを携帯し、必要に応じて対象者に見せる、という隊員もいた。また、あいさつまわりのように、定期的に顔を出して自らの存在を覚えてもらっている、という隊員もいた。

こうしたことの結果、当初は活動そのものを認めず、インタビューでも音声・撮影ＮＧと言っていた仮設住宅の会長さんが、その後、軟化して仮設住宅の催事などに誘ってくれるようになったというようなこともあった。加えて、インタビュー録音の前に、ウォームアップトークを10分ほど行うようにしている、という隊員もいた。

以上のような工夫の内容は、フィールドワークを研究手法とする研究者であれば、当然の方法かもしれない。しかし、プロフェッショナルではない地域住民としての隊員が行ったことに重要な意味がある。

みちのく・いまをつたえ隊が２０１２年２月中旬から３月末に集めた情報の実績は、ヒアリングの実施件数が全部で８０３件、写真は約２万枚、被災者から提供いただいた震災記録は１０００枚となった（今村ほか２０１２）。研修や休日などを除いた通常活動にあてられた日数は30日間に満たないなかで、非専門家の集団がこれだけの情報を集められたことは大きな成果である。

得られた情報の内容の一次的な整理を行い、処理が終わったものについては随時公開を行っている。これらは、「みちのく震録伝　検索システムβ1.0（試験公開）」で検索・閲覧することができる（http://search.shinrokuden.irides.tohoku.ac.jp/shinrokuden/）。

活動をふりかえって

みちのく・いまをつたえ隊の隊員や事務局に、これまでの活動をふりかえってもらった。

（1）肯定的な感想

まず、肯定的な感想からみていこう。繰り返しになるが、今回、調査者である隊員と調査対象とはもともと強いつながりがあり、それがさまざまな面でプラスの効果をもたらした。

一つは、調査上の効果である。これについては、「自身がインタビュー対象者と近い場所に住んでいることから、話をうかがう際にある程度同調して聞くことができる」、「『方言』を使ったり、自分の体験も交えながらインタビューすることで、世間話的にもっていくと何でもざっくばらんに話してくれた」というような声が上がった。それに加え、隊員自身への効果もあった。この点については、「定点撮影を行うことで、何がどんな風になっていくのか見続けられる」、「隊員としてはもちろんのこと、被災者である自身にとって、現地の情報を細やかに知ることができる」、さらには「活動をしていくうちに、徐々に地域の方々との交流も生まれるようになり、自身の普段の生活にもよい意味で影響・変化があった」というような声が寄せられた。

その一方で、被災者に話を聞くという活動はストレスをともなうものでもあった。これについては、「Facebookに現場の状況を投稿し、『いいね』『シェア』『コメント』で、活動に対する反応が即座に得られることは、活動に対する大きな励みになる」、「多くの人が関心をもって見守ってくれている」という気持ちになり、活動を継続していこうという勇気になる」という声や、「事務局のお悩み相談窓口は、活動そのものに対する問題の相談・解決はもちろんのこと、なんでも話せる事務局がいて、大きな心の支えになった」という声が寄せられた。

また、活動全体に対しても、「地域によっては活動内容がよく理解され、とても協力的だった。大学の知名度が高いため、活動を理解しようと努力してくれる。良い活動だと言ってもらえた」や、「紙資料収集も大変有意義。イベント情報を把握できるということがもちろんのこと、地域の細やかな動きを見えてくる」という肯定的な感想があった。概して隊員の多くは地域に大きな信頼を得ていたようで、近況報告や贈り物などが事務局に届いたこともしばしばであった。

（2）困難と反省

一方で、活動における難しさ、反省点もあった。

一つめは、前述の肯定的な点の裏返しだが、調査対象者との関係についてのことである。隊員からは、「個人情報の扱いが難しい。写真撮影の際、壊れた住宅やプライベートなものにカメラを向けたときはお叱りを受けてしまった。インタビューの際には、いざＩＣレコーダーを出そうとする断られる場合が多々ある」、「話したくない、面倒だ、と初めから断られるケースもあった。年数が経つことに、今さら忘れかけていたのに、思い出したくないなど言われた」、あるいは「時として活動の真意を理解してもらえず、怪しい業者としてみられる場合があった。まれに門前払いされることもあった」というような声が上がった。また、「インタビューの際、状況や心境が痛いほどわかり、情が移ってしまい何かしてあげたいと思ってしまうことがたびたびあった」という感想もあった。

二つめには、調査、とくにインタビューの仕方に関する意見が挙げられた。「インタビューに特定のテーマがないことが大変苦労した」という声が多くの隊員から出た。「インタビューに際して、心理的な配慮に関する技術をもっと身につけておけばよかった」や、「〝アーカイブ〟という取り組みに対する理解が得られにくい」、「〝アーカイブ〟という言葉になじみがない」という声もあった。

三つめには、活動の進め方に関する問題点があげられた。たとえば、復興の進展による状況の変化がある。「〝かさ上げ〟などによって、これまで写真の定点撮影としていた場所に立ち入り制限がかかってしまい、同ポイントで定点撮影を継続することができなくなってしまった」という声があった。また、事務局からは、「地域のイベント情報を隊員に連絡するなど、もっと個々の活動に介入してもよかった」という意見や、「写真、インタビュー（音声）、紙資料の3点は、時にそれぞれが独立した情報ではなく、ある一つの事象やイベントを対象にしている場合があり、互いに密接に関連していることがある。データ処理においては、写真、音声、紙資料とも独立した工程を経る設計になっており、隊員が〝関連性がある〟と言って持ち帰ってきたものでも、その情報を充分に活かしてアーカイブすることができていない」という反省の声が上がった。

（3）今後にむけての意見

活動のふりかえりを行う際に、「次の災害でも、このような活動を行うべきか」ということを各人に問うている。結果、すべての隊員・事務局員が「次の災害でもやるべき」と答えている。

ある隊員は、「とても大切な活動だと思う。地域の方々にも大切なことだと言われた。災害からの人びとの行動、気持ち、まわりの環境の変化など、どんな災害でも必要で後世に伝えることは私たちの使命だと思う、難しい場面に出くわすこともあるが、今後もやるべきだと思う」と発言し、多くの隊員はこれに同調した。「現地にいると、震災の風化がどんどん進んでいることを実感する。被災した者として、自らの手で震災の風化の抑制につとめようとする非常に重要な活動であり、すくなくとも10年はつづけたい」という声もあった。

また事務局からは、「被災地に住んでいる私たちが得られる被災地やそこに住む人びとの情報は、自分のまわりや地域メディアから情報に限られている。被災地に住んでいるにもかかわらず、それは非常に断片的であり、普段知り得る情報の偏りにもどかしさを感じる。隊員が集めてくる、〝地べたの情報〟はそれを補うものであり、この活動の効果を大きく感じた」という意見が出た。

（4）筆者の反省

著者にも大きな反省がある。今回のみちのく・いまをつたえ隊の活動は、つぶさに被災地の現状をアーカイブするためのフィールドワークである。一方で、被災地の現状を広く共有することにも重きを置いていた。インタビュー（音声）、写真、紙資料については、半年～1年間後にアーカイブシステム（みちのく震録伝 β1.0版）に登録され、公開される。インタビューは、インタビューシートと音声データを組み合わせたトランスクリプト化し、写真は映っているものを元にしたタグ付け、紙資料はスキャニングといったような電子化やメタデータ付与を行った後にアーカイブシステムに登録する。インタビュー、写真、紙資料が隊員によって収集され、事務局に集約され、以上のようなデジタル化処理（実際には、ここに記した以上に複雑な作業）を経て、登録されるには多大な時間を要する。今回はソーシャルメディアのサービス（Facebook）をもって、活動状況の発信は準リアルタイムに行ったものの、元来のフィールドワークのモチベーションに立ち戻れば、Facebook の投稿に切り出して得ることのできる情報だけでは充分ではない。「災害」という進行している現象を取り上げ、それに対する研究を行うためには、情報の収集から実際にそれを閲覧できる時間は可能な限り短いほうがよい。収集した情報を共有化するのに要する処理の簡略化・迅速化は大きな課題の一つである。

（5）フィールドワーク方法論

「みちのく・いまをつたえ隊」のプロジェクトは、東日本大震災に対するフィールドワークの実践である一方で、南海トラフ巨大地震災害のような今後起こりえる広域な災害に対する新しいフィールドワーク方法論の開発過程でもある。今後、発生する広域災害向けのフィールドワーク方法論を開発・確立することは、災害を研究するうえで意義が高いものと考えている。住民参加による組織型のフィールドワーク方法が、広域巨大災害の被災地を「フィールドワークする」うえでの有効性の検証や、現状の課題を改善した方法論についてひきつづき検討していきたい。さらには、「みちのく・いまをつたえ隊」のような活動が、(注2)被災地を系統的にモニタリングする方法としての役割が果たせればと願っている。

なお、東日本大震災の被災地を対象にした情報収集活動は、「みちのく・いまをつたえ隊」以外にも多くある。それについては永村ほか（２０１３）に詳しい。

注

（１）東日本大震災アーカイブプロジェクト「みちのく震録伝」は、東北大学災害科学国際研究所の今村文彦教授、柴山明寛准教授、著者らによるプロジェクトである。

（２）みちのく・いまをつたえ隊の運営ならびに本稿執筆においては、同隊の隊員および事務局の株式会社サーベイリサーチセンター東北事務所からの多大なる協力をいただいた。活動においては、科学技術振興機構（ＪＳＴ）や日本ＩＢＭなどから助成をいただくとともに、通信システムはマルティスープ社やＮＴＴドコモから貸与を受けた。

参考文献

今村文彦・佐藤翔輔・柴山明寛（２０１２）みちのく震録伝：産学官民の力を結集して東日本大震災のアーカイブに挑む，「情報管理」55-4, pp. 241~252.

岩崎雅宏・人見俊介・佐藤翔輔・柴山明寛・今村文彦（２０１２）宮城県沿岸15市町における東日本大震災の現地情報収集活動の試み――「みちのく。いまをつたえ隊」の活動――，「第31回日本自然災害学会年次学術講演会講演概要集」, pp. 121~122.

永村美奈・佐藤翔輔・柴山明寛・今村文彦・岩崎雅宏（２０１３）東日本大震災に関する記録・証言などの収集活動の現状と課題，「レコード・マネジメント」（記録管理学会誌）64, pp. 49~66.

林　春男・重川希志依・田中　聡（２００９）『防災の決め手「災害エスノグラフィー」――阪神・淡路大震災秘められた証言』ＮＨＫ出版協会.

6 参与と観察の自治体災害対応
小千谷市の対応現場から

田中 聡
TANAKA Satoshi

災害対応の現場で考える

２０１１年3月11日、東日本大震災が発生した。多くの防災研究者がこの災害におけるさまざまな自治体の災害対応を支援した。防災研究者が自治体の災害対応を支援するということには、２つの意味がある。一つは研究成果の社会還元という側面であり、もう一つは、自治体の災害対応現場の観察という側面である。とくに後者については、国、県、市町村など行政機関が実際の災害対応現場でどのように活動しているのかという点について、これまでリアルタイムで観察した事例はほとんどなかった。そのため、自治体の災害対応に関する研究は、事後に関係者から聞き取り調査を行ったり、残された関連資料を分析したりすることによって、基礎的なデータを得るという研究手法が一般的であった。

なぜ防災研究者は自治体の災害対応現場に入って、なかで観察してこなかったのか。当時は行政の災害対応している緊迫した現場に入れてもらうことは難しい、あるいは、かえって現場を混乱させるのでやってはいけない、と考えていたのではないかと思う。

本章で紹介する事例は、２００４年10月23日に発生した新潟県中越地震において中心的な被災自治体の一つである小千谷市役所において、建物被害調査という市役所の災害対応業務を支援しながら、その対応現場を観察した記録である。自治体の災害対応現場で、研究成果を使って対応業務を支援すると同時に、その現場を観察するという試みは、当時としてはかなり先駆的な取り組みであった。

小千谷市支援プロジェクト

新潟県中越地震は、阪神・淡路大震災以降で最大の被害をもたらす地震災害となった。災害が発生すると、自治体には被災者の生活再建にむけてさまざまな災害対応業務が発生する。自治体の災害対応業務は地域防災計画に定められているが、ほとんどの自治体にとっては初めての経験である。そこでとくに大規模災害の場合、限られた時間と資源（ヒト・モノ・カネ・情報）を有効に活用して、一定のレベル以上のサービス品質を保つことは、きわめて難しい。そのため自治体の災害対応プロセスの実態を解明し、どこで問題が発生し、それをどのように乗り越えてきたのか、残された課題は何かなどをあきらかにすることは、防災研究上きわめて重要な課題となっている。

これまで、自治体の災害対応に関する調査は、災害対応終了後に関係者に対する質問紙調査あるいはヒアリング調査が主流であった。しかし災害対応プロセスの実態の解明には、実証的データにもとづいた災害過程についての個別的記述の集積が必要となる。

災害過程についての個別的記述とは、私たちが無意識的にいだく予断を排して、災害現場にいあわせた被災者や災害対応者の視点から見た災害像を描き、災害現場にあった暗黙のルールや原則、あるいは被災者や災害対応者が災害に対してもつ文化をその場にいあわせなかった人びとに理解可能な知識体系に翻訳することである。その記録を災害エスノグラフィーと呼び、これは災害現場にあった暗黙知を形式知化する作業である。

私たちは、新潟県中越地震の際に、新潟県小千谷市役所において、建物被害認定調査からり災証明発行、り災者台帳構築にいたる一連の災害対応業務についての業務支援を行った。さらに、これら一連の対応業務についての参与観察および関係者へのインタビューにもとづいて、小千谷市役所の災害対応プロセスの解明と次の災害への課題を検討した。(注1)

ここで、新潟県中越地震における小千谷市の被害状況について簡単に紹介する。小千谷市は人口4万1314名、世帯数1万2375世帯（2004年9月末現在）、魚沼産コシヒカリや錦鯉などの農林業、さらに精密機械工業で有名な都市である。新潟県中越地震では、市内に最大震度7の地域が発生し、死者19人、負傷者785人の人的被害が発生した。また住家の被害は、全壊622棟、大規模半壊370棟、半壊2386棟、一部損壊7514棟であり、市内の被害総額の推計値は約3400億円にのぼる。

被災地にたどり着く

2004年10月23日17時56分、新潟県中越地方を震源とするマグニチュード6・8の地震が発生した。すぐにテレビをつけると、詳しい状況はわからないが、大きな被害がでているらしい。私たちは、防災研究者を名乗っている。そのため、災害が発生するとすぐに被害状況の調査のために、現地にゆく手段を考えることが習慣となっている。そこでまず現地入りのルートを探った。目的地はとりあえず長岡市。上越新幹線は脱線しており不通、関越自動車道路も通行止めなどの情報が入ってきた。そこで、地震発生2日後の10月25日に車で東京から長野・柏崎経由で被災地に入ることを決めた。10月25日朝の7時半に同僚など4名で東京を出発し、7時間半かけて15時頃長岡市に到着した。ここで先行して調査を開始していた長岡造形大学の澤田（本書の2章執筆）に連絡し、小千谷市役所でおちあうことにした。17時頃小千谷市役所に到着し、澤田から被災地に関する情報を得た。小千谷市役所では、1階の食堂に災害対策本部が設置されており、被災者やマスコミなど部外者の出入りが可能な状態であった。そこで私たちも災害対策本部に入り、しばらく滞在して職員の災害対応の様子をながめていた。

災害対策本部の観察

翌10月26日は、同僚の重川希志依と筆者とで、昨日に続いて小千谷市災害対策本部の観察をすることにした。まず、災害対策本部において本部長である市長に、防災の研究者であることを告げ、災害対策本部を観察させてほしいと申し出て、許可をいただいた。そこで9時頃より本部の一角にすわり、18時頃まで丸一日災害対策本部の状況について観察した。私は持っていたビデオカメラを丸一日まわしつづけた。これは後日小千谷市の職員からいわれたことであるが、彼らにとって私たち二人はかなり不思議な存在とうつっていたようだ。メモをとったりビデオを回したりしているためマスコミかとも思ったが、職員に取材もせずただじっと座ってみているだけなのでそうでもない。とくに邪魔になるわけではないし、忙しいのでほっておこうという感じであった、とのことであった。これはある意味、観察者としてはうまく入りこんだといえる。

観察の結果、災害対策本部で行われていた主な業務は、被災者の避難場所の把握、道路状況の把握、人的被害の発生状況の把握、建物損壊状況の把握、救援物資の受け入れ、などの初期の情報収集と対応であった。被害や対応に関する基本的な情報は、紙に書いて壁に貼り出すことによって、部局間で共有されていた。また、自衛隊、消防、警察の担当者も災害対策本部内に要員を配置していた（写真1）。

キーパーソンに接触

災害対応本部での観察と同時に、私たちはこれまでの研究成果をつかって自治体の災害対応を支援することを考えていた。今回の災害において私たちが支援できる事項としては、建物に発生した被害の程度を判定する建物被害認定調査に関するさまざまなノウハウであると考えていた。しかし、建物被害認定調査がどの部署でどのように実施されるのかという情報は、災害対応本部を観察しているだけではわからなかった。

観察からわかったことの一つは、災害対策本部におけるキーパーソンの存在である。ここでキーパーソンとは、かならずしも幹部職員を意味しない。むしろ、情報や連絡が集中している職員、あるいは対応している職員のつなぎ役を担っているような職員など、対策本部を運営するうえで重要な役割をはたしているとみられる人物である。そこで彼らを、〝現場と研究チームをつないでくれる人〟として、注目することにした。

写真１　小千谷市災害対策本部の様子（10月26日）

10月26日夜、重川がＮＨＫラジオに電話で生出演することとなった。その出演に際して、このキーパーソンの一人に小千谷市の状況をお伺いした。この接触が研究チームと市役所とのラポールの確立にきわめて大きな役割を果たしたと考えている。

建物被害認定調査の支援

10月27日に、昨日のキーパーソンに建物被害認定調査業務の支援を申し出たところ、担当の税務課を紹介された。税務課では、10月28日からの建物被害認定調査の実施を予定していたが、調査方法についての準備はほとんどなく、対応に苦慮していた。被害認定調査では迅速性と公平性の2つの要件を満足する必要がある。研究チームでは、これらの課題を解決するしくみとして建物被害認定調査トレーニングシステムを開発していた。そこで、このシステムを税務課に紹介したところ、まず調査員となる税務課職員向けの講習会で使用することで合意した。

10月28日午前中に税務課職員を対象とした建物被害認定調査の講習会を実施した。講習会では、神戸市から応援職員として派遣された、阪神・淡路大震災において建物被害認定調査の経験がある職員が国（内閣府）の被害認定指針を解説した。さらに、研究チームによって調査方法の説明およびトレーニングが行われた。また同日午後には、今回の地震で被害が発生した実際の家屋を使用して実地研修を行った。

小千谷市の被害認定調査の基本方針として、市内の全建物約1万5千棟について悉皆調査し、この調査結果にもとづいてり災証明書を発行することがすでに決定されていた。さらにこの判定結果に納得のいかない被災者に対しては、建物内部の被害も含めたさらに詳細な調査（二次調査）を実施するという方針であった。

調査には税務課職員の大半が動員された。毎日調査終了後には、神戸市応援職員による相談会を開催し、調査員の疑問点の解消と調査精度の安定化につとめた。さらに被害調査には全国からの応援職員が加わり、1日平均20班体制ですすめられた。しかし応援職員の派遣期間は数日から1週間程度であったため、調査業務になれてきたころ交代するという状況が発生した。これは調査精度の安定化や業務の運営にとって大きな問題となった。そこで、調査精度の安定化のために、これまでの調査員からの質問をまとめたFAQを作成して調査員へ配布し、周知徹底した。

調査活動の終了

り災証明発行開始が11月21日に決定され、それにあわせて建物被害調査の終了日が1週間前の11月15日に決定した。建物被害調査、写真整理は手順が確立し、順調に進行した。小千谷市の住宅被害は、11月15日現在の集計では、全壊４７７棟、大規模半壊62棟、半壊８０４棟、一部損壊９３６０棟、無被害８９０棟であった。

小千谷市における建物被害認定調査の実際

この小千谷市における災害対応業務支援活動は小千谷市と研究チームの共同作業であったが、実際にそれぞれの業務に従事したのは、市役所および応援自治体の職員であった。研究チームは、専門家として知恵や技術の提供、作戦立案のアドバイスなど裏方の役割に徹した。また研究チームでは、これら一連の業務の進行を、学術研究として観察し記録した。毎日調査班に同行し、建物被害認定調査の実態を記録した(写真2)。調査本部であった税務課においてもメンバーが常駐し、その活動を観察した。さらに一連の業務の終了後、この業務に参加した職員に対してインタビュー調査を実施し、業務プロセスの実態についての情報を得た。以降では、これらの結果をもとに、建物被害認定調査業務について考察する。

（1） 調査体制

小千谷市では、「地震等災害時における処理マニュアル」において、税務課が被害調査班として定められていた。しかし、建物被害認定調査からり災証明書発行にいたる一連の対応業務の具体的な手順についてはとくに定められていなかった。そこで、神戸市役所の応援チームならびに、著者らの研究チームによってもたらされた、建物被害認定調査に関する基礎的な情報をもとに調査体制が設計された。

調査体制の設計のキーポイントは、調査の迅速性と公平性の確保である。これらを実現するために、調査員の確保と彼らのトレーニングをどのようにするかが問題となった。小千谷市では、他都市の応援職員も含めて、できるだけ多くの調査員を集め、充分な研修期間がとれないため、実際に調査活動を実施するなかで同時に研修するという方針がとられた。

写真 **2**　建物被害調査班に同行する

調査員の確保

調査員の主力は税務課職員であった。税務課には家屋調査を担当する資産税係のほかに市民税係、管理収納係の3つの係があるが、通常業務において家屋調査の経験者は資産税係に限定されていた。当然、数名の資産税係だけでは足りないため、税務課のほとんどの職員が被害調査に動員された。

次に市役所の他課の職員が動員された。市役所内はどの部署も人員に余裕はなかった。しかし、被害調査の重要性や切迫性から、保育士などこれまで家屋調査とはまったく縁がなかった部署の職員も職務命令によって被害調査に動員された。さらに、他都市の応援職員についても、災害対策本部からまわしてもらえるものはすべて、被害調査に動員した。すなわち、調査員の数を確保するために〝職員の経験や専門にかかわらず動員できるものは誰でも被害調査に従事してもらう〟という動員方針であった。調査員の人数は1日20名からはじめ、最終的には1日50名にまで拡大した。

後日、動員された職員へインタビューすると、職員の動員や調査員の適性については、「資産税係のように家を形として見ている人にとっては、とりつきやすかった」という意見がある一方で、「調査に向かない人は、住民を怒らせてしまう人、自分の意見しか言わない人、相手の意見を全然聞かない人」など、さまざまな意見が語られている。また、前述した動員方針のため、女性職員や保育士も調査員として活動した。しかし彼女たちの証言には、「女性だけでまわると、名札を見られて〝あんたたちが見てわかるんかい〟、〝おまえら女になにがわかる〟という状態の方が多い」、「保育士が調査に行くと〝保育士にわかるか〟といわれたこともあった。〝講習を受けてやっています〟と言ったが、ちょっと不信感があったようだ」など、その調査能力とは別の次元で、さまざまな問題に直面したことが語られている。

調査班・班長

各調査班は2～3名を基本として編成された。調査班は10班からはじめて、ピーク時には24班まで拡大した。それぞれの調査班は、一つの調査地区を1～2日で調査すること原則とした。

調査班の構成については、「調査の人数は2人がベスト。車での移動だと、3人の場合は1人が後ろになるので話がしづらい。2人ならば移動中にでも意思統一できる」、「調査班に男性が一人いるのと、女性だけでまわるのとでは、市民の見方が違う」、「メンバーの年齢が近いと、自分の意見も言いやすく、聞いてもらえる」などの証言がある。また、役割分担については、「被害は（班員が）一緒に見ながら、〝一部損壊ですね〟〝そうですね〟といった感じ。誰が決めるとかなく、3人の合議であった」、「（班長が）ワンマンでやるよりも、同じくらいちゃんと口を出してくれる人のほうがやりやすかった」など、さまざまな工夫がうかがえる。

一方で、調査員はある程度の経験を積むと、税務課職員はもとより、そうでない応援職員も新たな調査班の班長に任命された。班の運営は班長に任されており、班長は与えられた調査範囲の調査を時間内に完了させる責任を負うだけでなく、調査の準備や調査現場でのあらゆる事態に対応することが求められた。班長になるまでのトレーニング期間は約1週間であった。しかし調査員のなかには、「資産税係なので当然だろ、と班長に任命された。家屋調査の経験はあるが、わからないのはみんな同じなので、責任を持たされるのはいやであった」、「やったことのない人は、自分と同じレベルのことしか言わない。やったことのある人になるべく意見を聞いて、〝それでいいと思います〟と言われると、次へいく」、「〝どうでしょう〟〝どう思います〟と自分で決断できずに問いかけてくるタイプの班長の時は、進みが遅い」など、班を運営するうえでの難しさも指摘されている。

調査班の班長になると、調査に慣れない班員をリードしながら調査を行い、また被災者対応の責任も負うことになる。個人差はあるが、これらの能力は1週間程度の実地トレーニングだけで身につくわけではない。そこで、経験者がいれば頼りにし、そうでなければ切ない思いを我慢しながら、何とか業務を進めてゆく姿が浮かび上がってくる。正直な思いは、「わからないのは、みな同じ。責任だけ押しつけられても困る」という証言に集約される。つまり、技術力（被害判定能力）だけで班長を任せるのは、班長を任命されたものにとって大きな負担となる。個人差はあるが、これらの点にも充分配慮が必要である。

（2）外観目視調査

調査活動

外観からの目視による建物の調査は、被害状況を手順に沿って点数化する方法ですすめられた。この業務は誰もが初めての経験であったが、証言からは、「点数をつけるのは、自分がやらなければという意識があり、迷ってもいられなかった。機械的、わからなかったので即断」、「資料を見ながら建物を見て、〝これはこうだよね〟とか言いながら相談して、（最初は）全然判定は進まなかった」、「少々問題があっても不服があれば二次調査で出てくるはずなので、早く決断して、数をこなす」、「被害の見立てがメンバーで大きく違うことはなかった」、「速いペースで多くの家屋を調査したので、翌週あたりから調査のポイントがわかってきた」など、調査活動が比較的スムーズに進んだことがうかがえる。

調査道具

内閣府の指針には、被害調査にあったて準備すべきものとして、ヘルメット、手袋、安全靴、住宅地図、下げ振り、巻き尺、電卓、ノート・紙、筆記用具、懐中電灯・予備電池、身分証明書、カメラをあげている。では実際に調査を進めるにあたり、どのような道具が必要であったか、また使用した道具についてどのような問題が発生したのか、2つの事例を紹介する。

一つは、「下げ振り」と呼ばれる道具の問題である。内閣府の指針では、建物の傾斜を測定する道具として下げ振りを携行することを求めている。小千谷市では、全調査班に配布できるだけの市販品の傾斜計を調達することが不可能であったため、割り箸とタコ糸、おもりによって下げ振りを自作し（写真3）、調査班に配布した。

写真3　自作の「下げ振り」で建物の傾きを計測しているところ

この下げ振りは機能的には問題がないはずであるが、被災者から多くの疑問が寄せられた。たとえば、「割り箸の下げ振りは相当言われた。とくに大工がいると〝これで本当に水平がはかれるのか〟と言われる。割り箸をあてる角度によって傾きが変わると言われた」、「建築関係のお父さんが出てきて、〝市役所ではこんな原始的なものでやっているんだ。今はこれだ〟と言われて（市販品を）出された」など、道具の見た目も調査結果の信頼性を得るためには重要であることがわかる。

二つめは、写真撮影のカメラである。調査した建物の被災状況は、調査員がデジタルカメラで撮影し、調査資料とした。しかし、「デジタルカメラの数が足りない。普段からデジタルカメラを持っている部署は自分の所の被害調査で使用するので余分がない」、「デジカメは同じカメラ、同じメディアがいい。班ごとに異なると、違う班に所属すると撮影の仕方がわからなくなる」などの課題が語られている。

（3）調査活動において発生した問題点

外観目視だけの調査に対する被災者の反応

外観目視調査は、調査の迅速性確保のために、被災家屋の居住者に声をかけずに建物の外側に発生した被害だけを調査した。また、調査の公平性確保のため、建物内部の被害を見てほしいという要望があった場合にも、原則として応じないという方針であった。しかし、家屋の内部を見てほしいという被災者の要望は強く、調査現場ではその対応に苦慮することとなった。たとえば、「一生懸命被害を訴える被災者に対して、〝外まわりだけ〟というと憤慨される。〝こんなに壊れているのに、なんでなかを見ないのだ〟と言われて、自分の説明では市民にわかってもらえない。これが一番恥ずかしく、悔しかった」、「〝不満があれば次の調査（内部の詳細調査）もあります〟と言ってくるしかなかったが、納得してもらえなかった」など、外観からの観察だけでは被災者の理解が得にくい状況が浮かび上がってくる。

調査者の被害評価のばらつき

建物被害認定調査は、本質的に正解のない調査であるという問題点をもつ。つまり、調査者によって被害の評価がばらつくという結果が生じる。この問題に対して調査者はどのように考えていたのか、以下の証言でみてみる。「やはり人の見方なので違いが出る。見方によって全然違うという点がある」、「税務課も含めてみんな初めてなので、調査のレベルは一緒」、「講習のなかでは、一部損壊と半壊の違いはわかったつもりであっても、実際に写真で見たような家はほとんどなく、被害があまりに千差万別なので、きちんと判定が下せるかは不安である」、「調査する回数が増えてくると、要領はつかめてくる」など、調査結果のばらつきは調査員にも認識されていた。

評価方法の自治体によるばらつき

調査が進むにしたがって、周辺自治体との評価方法の違いが問題となってきた。どの被災自治体でも、周辺自治体がどのような評価方法を採用しているのかほとんど把握していなかった。しかし、被災者は敏感であった。小千谷市は内閣府指針に則っているので、周辺自治体がどのような調査をやろうと問題は収拾できると考えていたが、調査現場では混乱が発生していた。

たとえば、「調査が〝まわりの市町村と何で違うんだ〟と多く言われた。川口、長岡が甘く、小千谷が厳しい（という噂がある）。〝自治体によって違う〟と答えると〝なんで自治体によって違うのか〟と聞かれ、答えに窮する」、「川口や長岡で建築士が調査について行っているという情報が入ってくると、〝なんで小千谷は素人なのか〟、〝どうして建築士が来ないのか〟のようなことはいわれた。このような質問にすみませんと言うしかない」など、被災者対応の最前線での苦労がうかがわれる。

建物被害認定調査の課題

以上のような小千谷市における建物被害認定調査プロセスの分析から得られた課題について考察する。

小千谷市の建物被害認定調査において解決すべき課題は、いかに調査の公平性と迅速性を確保するかという点におかれた。そこには、これら二点が確保されれば、おのずから被災者の理解と納得が得られるはずである、という暗黙の前提があった。そこで公平性の確保のために調査員の研修を実施し、迅速性を確保するために保育士まで動員し調査員の数を確保した。その結果かなりの成果をあげられたと評価されているが、一方で次の災害に向けて多くの課題もあきらかになった。

（1）調査員の調査能力の演出

建築の専門家でない自治体職員を調査員として養成するという課題については、調査結果が一定の精度を保っていることが確認されており、今回小千谷市では比較的うまく対応できたと評価されている。一方、調査員の建物被害認定調査の能力は一定のレベルに達していても、その能力があることを被災者に証明するという点においては無策であった。むしろ被害に関連する質問に上手に対応できないなど、被災者対応の面で、その能力に疑問を呈するような場面をつくりだしてしまい、担当した職員の精神的な負担はきわめて大きなものとなってしまった。ここには、機能さえ満足すれば結果として被災者は納得するはずである、という前提があったが、被災者はそれだけでは納得しなかった。被害認定調査には正解が存在しない以上、単に調査結果の公平性だけでなく、調査プロセスの細かな点まで、被災者の納得が得られるよう工夫する必要があることが、あきらかになった。

（2）行政と被災者の被害の考え方の不一致を減らすための工夫

建物被害認定調査における基本的な問題点の一つに、行政が被害判定の根拠としている内閣府の指針と被災者との被害に対する考え方の不一致がある。すなわち、内閣府指針の考え方では、外観からの調査であっても住家の居住のための基本的性能の損失程度が判定できるとしている。一方、被災者の考え方は、被害は建物のあちらこちらに発生するもので、建物外部に発生した被害と内部に発生した被害をあわせたものがすべての被害と考えており、この違いが問題の根本にある。そのため、発生した被害について行政と被災者が同じ基準で議論できず、被災者が判定結果を納得できないという状況が発生した。しかし、小千谷市のように1万棟以上の建物を被災後数週間で調査を完了させるには、調査員数の制約から、最初から内部を含めた調査をすることはきわめて難しい。この被害の考え方の違いは、単に情報を周知すれば解決できるわけではない。何らかのかたちで被災者が主張する被害を評価に加えないと、彼らの納得が得られない。

著者の提案は、建物内部も含めた調査は被災者自身に自治体と同じ方法で自宅を自己診断してもらい、その結果を評価することが必要であると考えている。そうすれば、どこに見解の相違点が存在するのか明確になり、結果として、被災者の納得が得やすくなると考えている。自宅に発生した被害は被災者自身が最もよく知っている。今後の課題の一つである。

そして、東日本大震災

本章では、著者らの研究チームが２００４年新潟県中越地震に際し、小千谷市において行った災害対応業務支援活動における参与観察および関係者へのインタビューにもとづいて、小千谷市役所の災害対応プロセスの分析と次の災害への課題を検討した。この災害の対応において特筆すべき点は、阪神・淡路大震災から10年間に蓄積されてきた経験や教訓が、さまざまな場面で生かされた点である。とくに次に発生する事態の予測と対応に関して、経験者からのアドバイスは意志決定上、きわめて有効であった。

２０１１年東日本大震災ではどうであったか。冒頭に述べたように、多くの研究者が被災自治体に支援に入り、多くの成果を上げた。一方で、２００４年新潟県中越地震であきらかになった課題であっても、未解決のまま東日本大震災をむかえ、再び同じ問題を今度はより大きな規模で発生させてしまった残念な事例も多く存在する。もちろん、東日本大震災で初めてあきらかになった課題も多い。これら課題の原因をあきらかにし、次の災害での対応策を検討するうえで、これら研究者によってなされた多くの参与観察のデータは、きわめて重要な資料となるであろう。

最後に、私は東日本大震災でどのように行動したのかについて、簡単に紹介する。

私は、本章で述べた建物被害調査について被災自治体の支援を行った。東日本大震災では被災地が広範囲にわたり、さらに、どの被災自治体もおなじような状況であったため、一つの自治体に長くはりつくのではなく、広く被災自治体をまわって、被害調査の方法や過去の災害対応の教訓などについての情報を提供した。さらに、それぞれの自治体の被害調査の現状や課題について調査した。また国（内閣府）と共同して、津波災害向けの被害調査基準や調査票を開発した。このような調査から得られた情報は、すでにいくつかの研究論文として発表している。しかし未解決の課題は多く、今後の研究課題となっている。

これまで災害が発生するたびに多くの報告書や記録集が残されてきた。しかしそれらの多くは、災害の発生メカニズムや被害の詳細などの〝物理現象としての災害〟の側面についての情報であり、自治体の災害対応といった〝社会現象としての災害〟に関する情報はきわめて少ない。私たちが小千谷市で行ったような、被災自治体を支援しながら参与観察を行い情報を収集するという研究スタイルは、〝社会現象としての災害〟の研究を活性化させるうえでの、一つの標準的な手法となればと願っている。

注

（1）本研究チームのメンバーは、重川希志依、田中聡、高島正典（以上、富士常葉大学）、林春男、牧紀男、吉富望、田村圭子、浦川豪、渡邊学、阿草宗成、佐藤翔輔（以上、京都大学防災研究所）、堀江啓（人と防災未来センター）、藤春兼久、石本常（以上、ＥＳＲＩジャパン）、澤田雅浩（長岡造形大学）である。さらに外部研究協力者として、大森達弥氏（イー・アール・エス）、森川理奈氏（システムソフト）の協力を得た（所属はいずれも震災発生当時）。

7 生活再建・コミュニティ復興に寄り添う

長期にわたる社会学的被災地研究

大矢根 淳
OYANE Jun

被災地復興の現場で社会学的実証的研究に携わるところで見えてきたことがらについて、ここではとくに1991年に発生した九州・長崎県、雲仙・普賢岳噴火災害に見舞われた、ある被災集落の取り組みをふり返ってみたい。

被災集落に入る

火砕流・土石流で流焼失・埋没した山麓の小さな集落・上木場《かみこば》（96世帯・404人：図1、写真1）では、人びとが生活再建・コミュニティ再興に向けて奮闘努力を重ねていた。私は、地元で結婚式場を経営する消防団長に頼み込んで、披露宴会場の上層階にあった親族控え室に逗留させてもらって踏査、聞き取りを重ねていた。大学院在学中で体力あり余る一方、学生ゆえに高価な空路には手を出せず、夜行バスで東京―福岡、そしてローカル線・路線バスを乗り継いで島原に通っていた頃の話である。火山灰で煤けたカラダを風呂で洗い流した後、とくに披露宴のある晩はわれわれの夕飯もことのほか豪華で、これがまたとない楽しみだった。

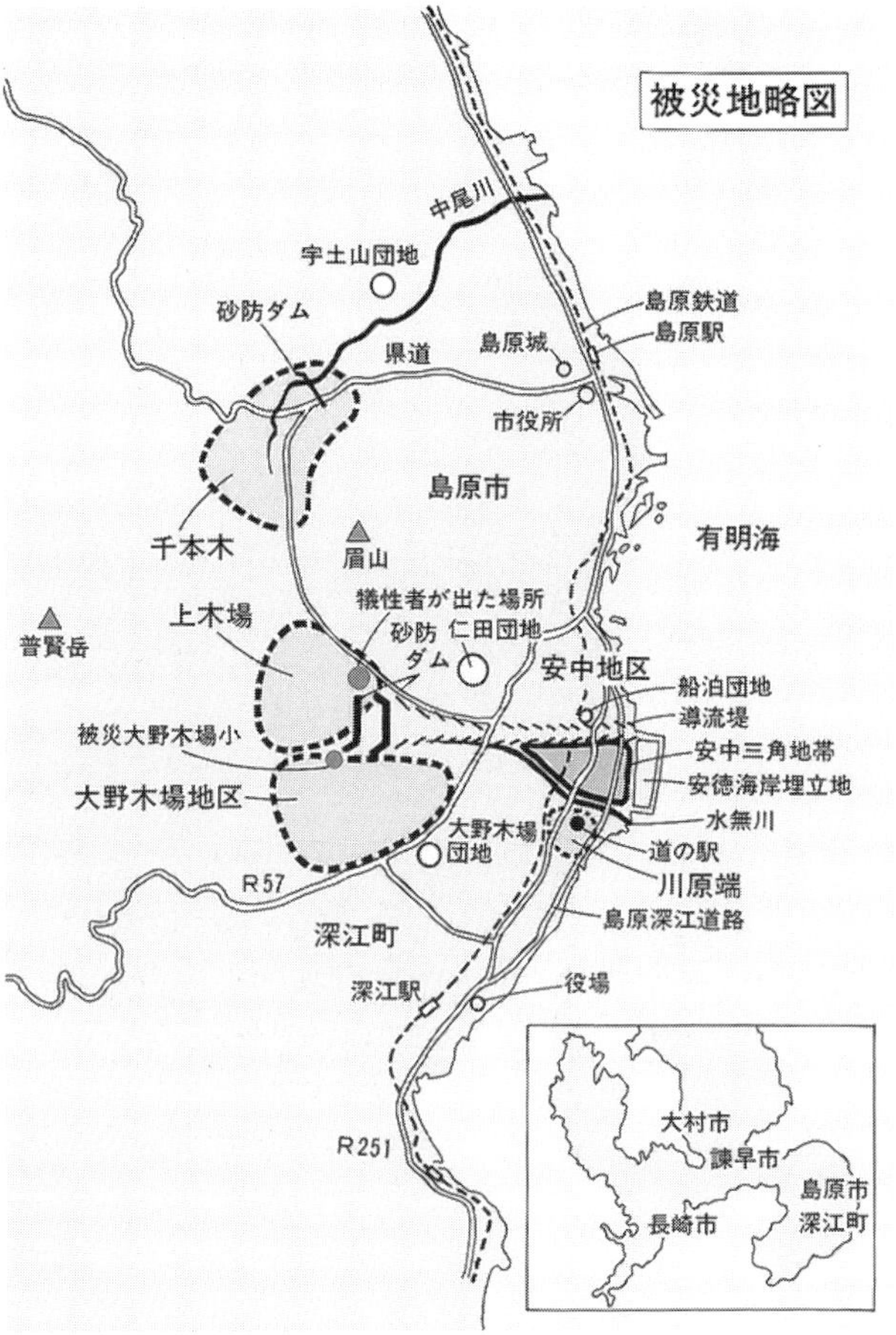

図1　被災地略図
「雲仙・普賢岳噴火災害を体験して」編集委員会（2000）
p.4 より引用.

私がフィールドとしていた上木場は、同噴火災害で最初に被災した火山の麓の集落で、その後、集落全体が復興公共事業としての大型砂防ダム建設予定地に入ったことから、全世帯が住み慣れた古里からの移転を余儀なくされることとなった。災害ではこのように、集落のほぼ全体において従前居住地での再建が不可能になるケースがある。被災集落の住民は住み慣れた古里での再建を希望するが、再建にあたっては、その資金、移転先の安全性、移転にかかわる議論展開・意思決定のイニシアチブ、タイミングなどが大きな課題となるものである。しかしながら日本には当時も今も、こうした問題、つまり、災害復興時の住民参加のあり方や意向調整、合意形成のためのシステムが未確立である。そのため、一部の被災者の人望・才覚とか、ボランティア的に関与してくるコンサルタントなどとの偶然の出会いによる側面支援に頼りながら、被災者としては一生に一度、生まれて初めての大きな問題に立ち向かわなくてはならないのが現状である。

上木場においては結局、被災世帯は被災者用に整備された住宅団地と、それ以外の個々に探し出してきた場所に分散して住宅再建を進めていくこととなった。そうした意味では再建希望半ば、あるいは集落再興を完遂できずに今に至る現場である。

それでも住宅再建の過程を具体的に眺め直してみると、奮闘努力・工夫の数々が理解されるであろうし、それらは今後の被災地の復興に資するものとして再評価できるのではないかと思われる。ここでは、中長期的に被災地に積極的にかかわる社会学的被災地復興研究の立ち位置・視角を紹介しつつ、上木場の取り組みをとらえ直してみたい。

写真１　山麓に堆積する火砕流と土石流を流す逆ハの字型の導流堤
島原地域再生行動計画策定委員会事務局（1997）より引用.

直接被災地・上木場――注目・忘却・そして生活再建へ

雲仙・普賢岳は1990年秋に噴火を開始し、半年後に発生した土石流によって、上木場の住民は避難生活を始めた。そして91年6月に火砕流が発生し、水無川上流域において、消防団員や研究者、タクシーなど車両運転者など43人の犠牲者を出した。これら直接被災地の現場が、上木場である。当時まだ聞き慣れない〝火砕流〟という噴火現象と壮絶な被災状況がマスコミで大きく取り上げられ、上木場の動向に注目が集まった。山頂に盛り上がった灼熱の溶岩ドームはしばしば崩落し、これが火砕流となって麓の集落を焼き払い、山腹に分厚く堆積した噴出物がさらに、雨のたびに大土石流となって市街地を呑み込んだ。

たび重なる土石流被害がしだいに水無川の下流域に拡大していくにつれて、マスコミ・世論の視線は下流域の安中《あんなか》地区（上木場の少し下流に中木場があり、そのさらに下流の安徳と合わせて安中地区と呼称）の動向に傾斜していくこととなる。また、直接被害（土石流や火砕流などで家屋などが流焼失する被害）に加えて、観光客の激減や産業構造上の連鎖による被害の拡大、さらには風評被害などさまざまな間接被害が発生し、下流域の話題が取り上げられるようになっていった。

このようにして、上流の上木場はしだいに忘れられていった。しかしながらそれでも上木場では、93年夏くらいまでの足かけ3年の間に、静かに着実に復興に向けた取り組みを重ねていた。

上木場では、「〝古里〟での〝生活再建〟」をキーワードに設定して、「住み慣れた古里での復興をあきらめる（下流域の安全確保のため砂防ダムに埋没することを容認する）」と明言することと引き替えに、生活再建の「原資」である土地の補償獲得に向けて、あらゆる関係性・資源を動員して活動を続けた。その経緯をたどりつつ、そのような経緯を把握するに至った社会学的被災地復興研究の取り組みのあり方を、合わせて振り返ってみたい。

上木場復興実行委員会のとった戦略

火砕流被害の大きさをまのあたりにして、被害から2週間後には早くも「集団移転」の可能性が市長の口から発せられた。住み慣れた土地に二度と戻れなくなるようなことが公的に言われ始めたことを受けて、地元では不安が高まった。そこで、各地ばらばらに避難して不便な生活を送る近所の人びととの連絡体制を整備して、また、仮設住宅への移行に際して、その不自由な生活の改善を求めていくためもあって、お世話団体として、南・北上木場町内会をベースに「上木場復興実行委員会」が結成された。あわせて『広報あんなか』が創刊された。ここに上木場の組織活動が始動する。

上木場復興実行委員会はその後、お世話団体から復興団体へ、すなわち「住民の総意を担保するため」の被災地住民組織として自覚的にその性格を変容させていく。そして、各時期ごとの町内会メンバーの被災状況・将来ビジョンを客観的に調査して（アンケート調査および戸別ヒヤリング調査）、科学的データを盛り込んで要望書を作成し、文書を代表1名が交渉の場に持参して文書回答を引き出すことを（静かに）地道に繰り返していくこととなった。

そうした戦略（表1）によって、行政から生活再建資金（一世帯数千万円）を獲得していくこととなる。鉢巻きをしてトラメガで「要求貫徹」を叫んで役場前に座り込む意思表示の仕方は採用しなかった。このような方法では、メディアにその日のニュースとして一度だけ取り上げられて終わることとなり、現実的な成果の獲得には至らないことが自覚されていたからである。

要望を記した文書を市当局に手渡す際には、回答の時期と方法を双方、文書で確約した。この段取りを忘れると、「聞き置いた」として放置されることとなる。２年間にわたって4回の調査、5回の要望書提出・回答書の授受で、多様な生活再建メニューを次々に獲得していった。また、上木場はこうした過程をメディアに取材させた。特異な動きとしてメディアに取材されるのではなく、活動過程を取材させることで、集落の公的記録として、かつ行政の言質として蓄積していく方策を採った。具体的には次のような方法である。

各種税の減免や農業再開希望者への支援（倉庫代・農機具代まで）はもちろん、警戒区域設定により立ち入りできないにもかかわらずその土地の測量を実施する確約をとりつけ、その算段（航空写真の利用）を発見した。買収価格を被災前8割とする前例（１９８２年・長崎水害）を発掘してきてみせて前例として認定させたり、流焼失せずに現存している家屋を移転させるという名目を設定してこれを認めさせて、現存家屋補償やその家財補償、さらにはそれにともなう集落内の墓地の移転と同時に読経費の獲得をした…。上木場ではこうした要望書提出活動と並行して重ねられてきた学習（過去の被災地の取り組みを前例として学び取る）の成果も前例として示しながら、生活再建メニューを次から次へと獲得してきた（こうした過程がローカル紙に載り続けたから、隣接する被災地域でもこれに倣うことができた）。

こうした対行政交渉スタイルを構築できたのは、同町内会在住の酒

表１　上木場復興実行委員会の組織活動の戦略

活動項目	具体的項目	戦略項目
住民組織の結成	「上木場復興実行委員会」＆リーダーＹ氏	組　織
復興専門知識の導入	復興・防災コンサルＫ氏	知　識
地域復興に向けてのキー概念の設定	「“古里”での“生活再建”」	戦略言語
住民意向調査の積み重ね	戸別ヒヤリング／アンケート	データ
データを添えた要望書提出・文書回答・要求獲得	「私たちの生活再建に関する要望書」等	交　渉
次被災地への貢献	復興戦略・極意の伝播	伝　播

筆者作成.

屋さんで前市議会事務局長のＹ氏が、上木場復興実行委員会の代表となって指揮をとったことが大きい。対行政交渉の勘所としての、データを添えた要望書提出・回答書要求（文書主義）スタイルを彼は熟知・体得していたから、これを堅持した。同委員会では噴火災害・生活再建の意向調査に訪れていた在京のシンクタンカーK氏をブレーンとして取り込み、個別世帯の意向調査を設計・実施させて、これを要望書の添付データとした。また、このブレーンにコーディネートさせて、県外の過去の他被災地（桜島や大島、三宅島）を訪れて復興の具体的メニューの学習を重ねた。そして二度と住み戻ることのできなくなった古里・上木場を諦めて砂防ダム・公共事業用地として差し出すかわりに、各種補償金を獲得して、既存の防災集団移転事業を組み合わせることで巧みに公費を誘導して、近場に生活再建のための住宅団地をつくりあげていく算段を見出し実現するに至った。

復興極意の伝播

１９９１年の被災直後、噴火災害の風評被害に苦しむ島原温泉を、北海道・有珠山《うすざん》の麓から虻田《あぶた》町の町長が訪れた。有珠山噴火（１９７７年）で疲弊した洞爺湖温泉を含む地域社会の復興に際してめぐらした戦略を伝えるとともに、艶やかに着飾った洞爺湖温泉の女将たちを大勢連れて、大金を落としにやって来てくれた。この時、虻田町長は島原市長に、復興に対峙する首長の覚悟を体現した振舞い・パフォーマンスの数々を伝え、合わせて集団移転などの復興公共事業メニューの導入のタイミングや、その合意取り付けのノウハウを伝えた。ここで、「危機突破・生活再建」をスローガンに据えて首長・町行政・住民が一丸となって国に働きかけるスタイルが伝えられたのである。

これを伝授された島原ではそれから足かけ10年、たとえば上述した上木場のように、各被災集落が復興への取り組みを重ねていくこととなるが、その履歴・成果が一冊の本・『雲仙・普賢岳噴火災害を体験して』（図２）にまとめ上げられた。これがおりしも２０００年、再び噴煙を上げ始めた北海道・有珠山、東京・三宅島の両被災地に届けられることとなった。あの時の感謝の意を込めて、自分たちの編み出した戦略的取り組み・獲得成果の数々が詳細に伝え返されることとなった。復興にかかわる既存法制度の弾力的運用、拡大解釈の実例（いわゆる、「横だし・上乗せ」など）が惜しげもなく、赤裸々に綴られた。たとえば、被災した後に保険（住宅総合保険）に加入して保険金を獲得するという、通常ではあり得ない、保険金詐欺とも言われそうな、そんな生活再建資金獲得のノウハウなどが、実名・押印された提出書類例とともに克明に記されている。だからこそ、しかしながら、これらは一般図書として販売されることはなく、記録誌としてその後の被災地にそっと手渡されるお土産という位置づけとなった。

　このように、上木場に限らず、各災害の被災地では、自らの奮闘努力の成果・記録を、静かに確実に次の被災地に伝え続けている。雲仙の後、１９９５年には阪神・淡路大震災が発生し、以降は全国

図２　『雲仙・普賢岳噴火災害を体験して』の表紙

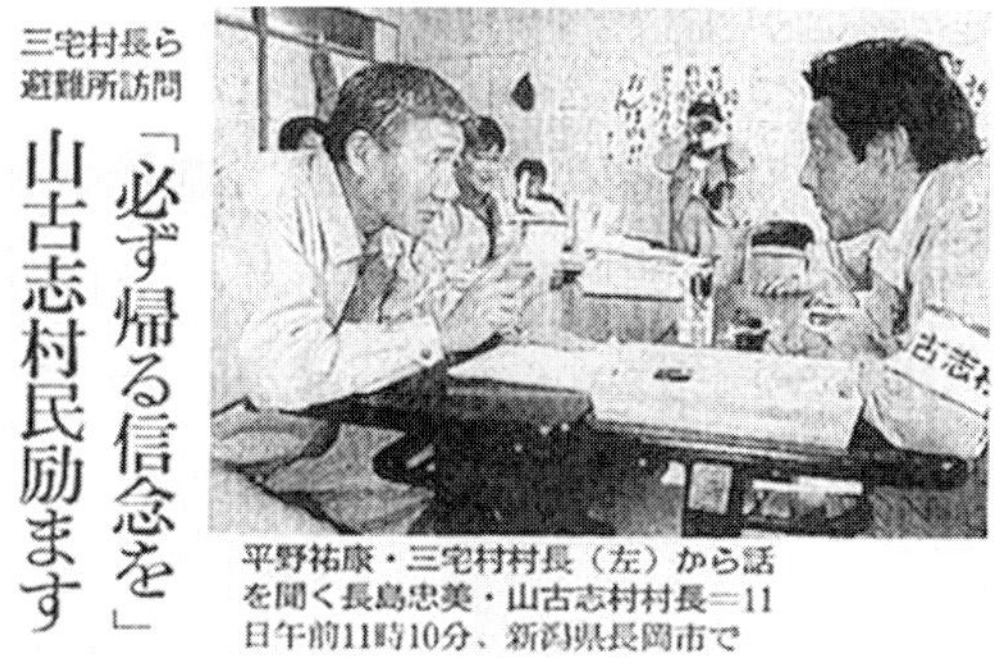

図３　三宅－山古志村長会談
『朝日新聞』2004年11月12日.

各地で数年ごとに大きな震災が続発することとなるが、たとえば過疎高齢化の進む集落の被災、復旧・復興に、大都市・神戸の震災復興施策は援用されづらいものである。その代わりに、災害因は異なるとも（地震ではなく、噴火や台風、崖崩れなど）、同様の地域特性、同様の復興施策が被されるところどうしでは、参考となることがらが多い。たとえば、２００４年の新潟県中越地震の被災地・山古志村には、阪神・淡路大震災の復興都市計画事業の経験ではなく、２０００年の三宅島噴火災害対応が参考にされた。砂防事業、村営住宅復旧・新設事業、宅地内堆積土砂排除事業などが参考にされたのである。また、少し前の１９９３年の北海道南西沖地震（奥尻津波災害）対応の防災集団移転事業、漁業集落環境整備事業など、復興公共事業の戦略的導入・合意形成のノウハウも役立った。

図3は、そうした伝播・交流の一場面（三宅―山古志《やまこし》村長会談）である。このような伝播・交流は確実に連綿と続けられて現在に至り、東日本大震災のさまざまなタイプの被災の現場へと伝えられている（図4）。東日本大震災の発災5年ほど前から、こうしたローカルな諸記録が渉猟されてデータベース集（内閣府２０１１）としてまとめられ始めていて、最近

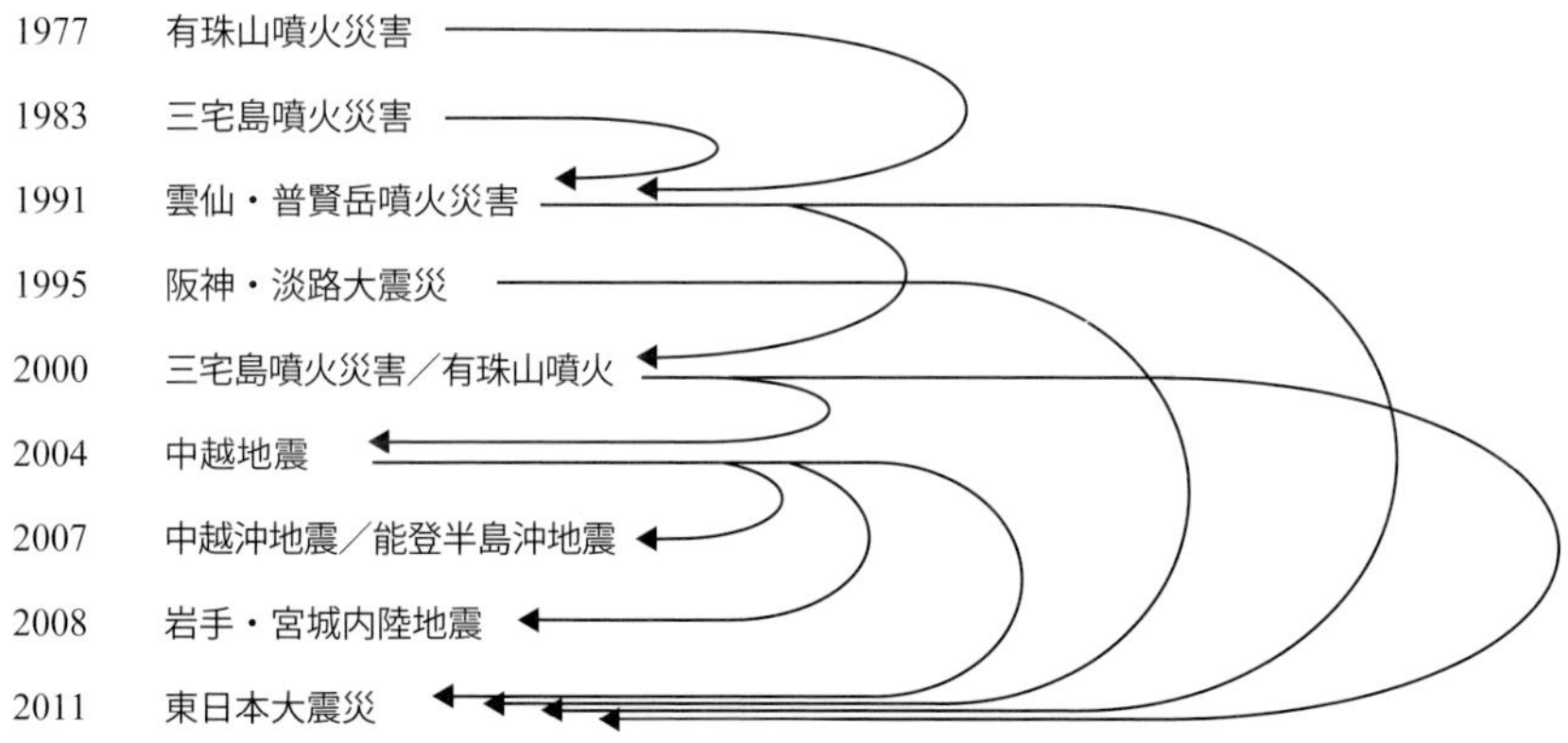

図 4　被災地間の復興ノウハウの伝播

筆者作成.

では、上述の島原の記録集に加えて、こうした事例集の知見が、被災地同士の交流に役立てられている。

対象に寄り添う研究、そこにおけるラポールとは…

こうした被災対応経験の伝播・交流は、まず何より、当事者たる被災者同士の交流意欲（伝えたい・学びたい）が、大きな推進力となっている。合わせて、影ながらそこに研究実践として参与・介入し続けた研究者群の存在も欠かせない。

被災地にかかわり続ける研究者の立ち位置はいかに？

フィールド、インフォーマントとの関係性に関しては、いわゆる社会調査のテキストの類において、冒頭で必ず、フランス語のラポール（rapport：調査に先だって対象者との間に良好な人間関係・信頼関係を構築すること）の重要性が説かれるものである。そこでまず、ラポールの辺りから考えてみたい。テキストでは、対象者との関係を築き、実査を経て解析をなし、その研究成果をフィールド、インフォーマントに還元することまでが調査の一連の流れとして教えられる。すなわち、「ラポール」↓「実査」↓「解析」↓「還元」の流れ。ところがフィールドに還元される調査報告書は、現場ではそれほど歓迎されるものではない。何しろ、研究者ワールドの暗号めいた専門概念や言い回し、難解至極な数式・数値に、さらには学者のことさら身勝手な解釈にもとづいた提言などが山盛りなのである。

それでは私の場合はどうしているのか？ 私の被災地調査では、最初の聞き取り調査が始まるまでに、インフォーマントとの間で、互いの立ち位置や状況・希望を理解し合うまで、かなりの年月を費やすことが多い。そもそも、筆者の研究は被災からの生活再建や復興をターゲットにしているから、被災直後の混乱・動揺期に踏み込んだインタビューをしなければならないというわけではない。まずは、お悔やみ・お見舞いを申し上げてお線香をあげる。初めてお会いしてから具体的な聞き取りが始まるまで、数回の現地訪問でご挨拶・面通し・雑談を重ね、それに半年から1～2年を要することもままある。

その間はまず、役場や国の出先機関をまわって関連資料を収集する。合わせて、ローカル紙に登場し出す各種団体の長に最初のご挨拶がてら現在の状況・労苦をうかがい、次に会うまでに、過去の災害における類似対応例を探し出して持参することを約束してお暇《いとま》する。被災地では対峙すべき社会的課題の位相が矢継ぎ早に変遷するので、人生初めての経験に見舞われている被災者は、状況に即応できないことが多い。たとえば、仮設住宅とは生活再建の道筋を検討・準備するための仮の住居・空間であるから、そうした検討を行う場や組織づくりを入居後すぐに始めなくてはならないところである。しかしながら、現実には、仮設住宅入居者は、その生活環境改善に労力を割かれすぎて、それ以上のことを考えだす余裕をなかなかもてない。そして将来を見通せないジレンマに陥ってしまいがちで、はからずも仮の住処が終の棲家になってしまう人たちも現れて来る。集会所の設置、仮設自治会の創設、従前居住地コミュニティとの連絡・協議体制を整備しなくてはならないところだ。このことは過去の被災地で重ねられてきた「たら・れば」である。

私の場合は、最初のご挨拶に際してこのように、社会的課題の位相の転化を先取りして、当該コミュニティに類似の先行事例（課題解決事例）を示して、共に考え対処していく関係性を築く（私にとってのラポール）ように努力している。合わせて、最初のインフォーマントに次にお会いすべき適当なかたをご紹介いただき、いわばスノーボールサンプリングで課題の連鎖・拡がりを把握することとして、当該課題の典型を体現するインフォーマント探索を開始する。上述したように、その邂逅に半年から1～2年を要することもある。

その頃になると、他のグループの多くの研究者は緊急調査を終えて次のフィールドに散ってしまっているから、現地には、もうこの被災地は忘れられ始めているのではないか（被災地と非被災地の「温度差」）との焦燥感も漂い始める。だからこそ、それでもしばしば訪ねる私たちは、いつもいる・今でもいる連中として認識してもらえるようになってくる。そうなればシメたもので、機が熟しタイミングを得て聞き取りが始まるわけであるが、ここで研究上、聞きたいことがらを急いて尋ねるべきではない。

こちらの手元にはうかがいたい内容を記した質問項目リストが用意されてはいるのであるが、基本的にはインフォーマントに自由に語ってもらう形をとる。そしてそのお話の最中、われわれは「相槌」を打ちつつ、時たま節々に「楔《くさび》」を打つ。地元の生活者の言葉で語られている事柄の災害過程全般における相対的位置を示す、復興行財政用語やわれわれ研究者側の用語を要所要所に置いていく。たとえば、「何回もの引っ越しに金がかかりすぎて…」というボヤキには、「〝移転補償〟における〝定額補助〟と〝定率補助〟のセット化を要望しよう」などと組織活動における要望書記述項目を置いていくなどする。お話は行きつ戻りつ、あるいは矛盾をはらみながら問わず語りの形で続くが、インフォーマントは再び話がそこに至ると、今度は、この楔・われわれサイドの用語を意識的にあるいは無意識に使ってくれたりする。そのうちに、インフォーマントの被災生活にかかわる語りが整序されてくる。同時に、語られた現況の被災生活の諸課題が整序・明示されてくる。それは今後、考え解決していかなければならない議題として双方に了解されて、過去の被災地における同型の課題への対応実績・成功例として示すこととして、つまり次までに調べてくる宿題として、わたくしたち・調査者へ課せられることとなる。

このことはすなわち、（a）眼前の被災社会に対峙する調査者の幅広い奥深い教養の存否と、（b）

インフォーマントに対する持続的な関与の約束、を調査者に迫るものである。こうした深いコミュニケーションの始動・継続につながるインフォーマントとの関係性の調整・構築こそが、ラポールの本性なのだと思う。ただ慇懃無礼に面通しの挨拶をすれば済むというものではない。毎回きちんと宿題をこなしていくことで、次回の訪問・聞き取り調査の設定は約束される。その日の調査のお暇に際して、「次はいつ来る?」と問われ乞われることこそ、調査者冥利に尽きるというものだ。毎回の再会がインフォーマントにとっての喜びになれば…。調査研究の知見の還元は報告書のお届けによって実現するのではなく（これは研究者サイドの屁理屈!）、毎回の調査過程に再会の喜びの一部として内包されているべきなのだろう。

復興に資する真摯な実践的調査研究

たとえば、上述の上木場（噴火災害の被災地）では、これがどのように進められてきたか。私一人の調査活動ではなく、外部から参与・介入してくる研究者総体の成果として少しずつ前進をみてきたというところであろう。

生活再建資金、それも、集落全体の移転にともなう生活再建資金を獲得するために、同型の課題解決例としてまずは、高度経済成長期の全国各地のダム建設による集落水没・全戸移転に際しての生活再建メニューが渉猟されてきた。一つでも多くの費目を!　1円でも多く生活再建資金を獲得したい。また、決して住み戻ることのできなくなった古里は諦めざるを得ないが、それでもただお上の指示に応じて補償金を手にして立ち去るのではなく、積極的に生活再建の「原資」として適正な価格で売却する方策、それを正当に表明するロジックが模索された。下流域の人びとの安全を確保するためにわれわれはスーパー砂防ダム建設の犠牲になるのだから、まずは、古里を手放さざるを得ない無念の思いをまっとうに認識・評価して欲しい、そのうえで、新天地での生活・関係をゼロから紡ぎ直すための資金獲得に奔走しなければならない被災者サイドの辛苦を国には正しく認識して欲しい。そして次はその売却費、すなわち公共事業用地としての買い上げ価格の設定の段になるが、ここでは荒れ果てた被災地を被災後の時価（すなわち、ほぼタダ）ではなく被災前価格で買い取って欲しい。これを強く要望しつつ、ついには１９８２年・長崎水害の実績（被災前価格８割）を発掘・例示して見せて、この補償ラインを国に確約させることに成功した。行政サイドは前例を踏襲するから、前例の存在を適切に示すことができれば、それは成果として獲得することができる。研究者・行政サイドの豊富なデータバンクからそれらをピックアップしてきて、客観的データとして例示して見せるプロセスは、したがって、口角泡を飛ばす闘争の修羅場ではなく、実際には協働的な知的作業のサロンとなる。小さな被災集落では、カウンターの向こう側にいる行政職員も実は被災者であり、知人・親戚であることが多い。敵ではなく共に生活再建を模索する仲間なのである。

ここまで、ラポールの実相・本性から、具体的な研究実践のあり方をあげてみた。調査者サイドの現場へのかかわり方にここまでこだわってきたのは、被災地に赴くと必ず耳にする「調査災害」という言葉・現実があるからである。被災地を自身の研究業績獲得のための単なる踏み台にして通り過ぎていく、「火事場泥棒」的なヒット・エンド・ラン式、ワンショットサーベイ（佐藤１９９２、p.50）があまりにも多すぎる。その蛮行は被災者から厳しく糾弾されている。宿題はやってこないし、決して「次」のない一回限りのアンケート調査。災害調査による調査災害。被災現地のまなざしは鋭い。厳しく内省したいところだ。

上木場復興の取り組みの主要なアクターは、もちろん奮闘努力を重ねる個々の被災者だが、これに地元リーダーのY氏、現地に数年は住み込んでいる在京シンクタンカーK氏とその周辺・界隈でインタビューを重ねるわれわれフィールドワーカー、K氏を市復興計画策定に参画させることとした島原市災害復興課、復興に取り組む地域・業界諸団体などがあげられる。その協働によるところに、私たちは節度・距離を保ちつつ、Y氏・K氏の周辺で黒子的に各種情報収集・提供を続けて、見返りに被災地復興の道筋・ロジックを学ばせていただいたというところである。

そうした意味では、被災地と研究者の関係は、give & take ではなくて、give & given なのだと痛感している。現場のロジックをきちんと感得できるまでは、そして現場に受け入れてもらうまでは、すべてわかったような顔をして偉そうに提言など吹くべきではないだろう。自戒。

参考文献

「雲仙普賢岳噴火災害を体験して」編集委員会（２０００）『雲仙・普賢岳噴火災害を体験して～被災者からの報告』ＮＰＯ島原普賢会（非売品）.
大矢根 淳（２００７）上木場復興実行委員会の組織活動，『復興コミュニティ論入門』弘文堂.
国土交通省九州地方整備局雲仙復興事務所「管内図」http://www.qsr.mlit.go.jp/unzen/gaiyo/gaiyo.html（２０１３年12月７日閲覧）
佐藤郁也（１９９２）『フィールドワーク～書を持って街へ出よう』新曜社.
島原地域再生行動計画策定委員会事務局（１９９７）『島原地域再生行動計画』.
高橋和雄・木村拓郎（２００９）『火山災害復興と社会――平成の雲仙普賢岳噴火――』古今書院.
中央防災会議（２００７）１９９０―１９９５雲仙普賢岳噴火，『災害教訓の継承に関する専門調査会報告書』．http://www.bousai.go.jp/kyoiku/kyokun/kyoukunnokeishou/rep/1990-unzenFUNKA/index.html（２０１３年12月７日閲覧）
内閣府（２００６～２０１１）各年，『地方公共団体における災害復興対策の推進に関する調査報告書』・『災害復興対策事例集』．http://www.bousai.go.jp/kaigirep/houkokusho/hukkousesaku/houkoku.html（２０１３年12月７日閲覧）

Part III

地域の個性から災害を理解する

PartⅢは、災害の姿に反映される地域の個性について、それぞれの視点から考える。▼杉戸は自然環境と災害のかかわりあいを意識しながら、大地震の歴史とメカニズムを地形や地質、文献史料から地道に読み解いていく。▼嶋野もやはり長大な時空間スケールのなかで、多様性に富む火山噴火の全体像を、噴出物などを手がかりに丹念に解き明かし、火山と人間の付き合い方に言及する。こうした自然的個性に加え、地域の社会的個性と災害像の関連性もやはり深い。▼饗庭は住民および研究室メンバーが参加する多数性確保型のプランニングを行い、地域の個性に応じた復興プランを構築しかつ検証していく。▼山本は災害時の人道支援という視点から「物語」を通じた相互理解の成立や、潜在的な「地域のかたち」が災害時に明らかになる具体像に言及する。

8 大地震の歴史とメカニズムを捉える

活断層への地理学的アプローチ

杉戸 信彦
SUGITO Nobuhiko

大地震と活断層

筆者はいま冬の太平洋にいる。清水港を出て4日目。南海トラフの海底活断層調査を終えた帰り道である。16時を過ぎた。海況悪化で現場を離脱して10時間になる。明朝、横浜港に入ることになっている。

船室の丸い小窓をのぞくと、灰色の雲が低く一面にひろがっている。向かい風が強く波が高い。7ノットで走る499トンの船体は大きく揺れ、数メートル跳ねてはゆっくり沈みこむ。波しぶきが小窓を何度も洗う。陸はまだみえない。もうすぐ日が落ちる。

カーテンを閉め、ベッドに横たわる。背中の下はすぐ海だ。

しかし、不安はない。むしろ船体が沈みこむときの感覚が心地よい。まるでやわらかいクッションにふわりと着地するようだ。海がわが身を受けとめてくれる。モンゴル活断層調査のテント生活中、背中に感じた大地のぬくもりを思い出す。

海の調査は今回が初めてである。これまで陸の活断層を調査してきた。あらためて考える。海には海の、陸には陸のやり方がある。共通する部分もある。筆者にとって研究のバックボーンといえるものは何だろうか。

思いをめぐらすうち、りんご園に囲まれたある発掘現場を思い出していた。

本章ではまず、１８４７年善光寺地震の発掘調査とそれに至るまでのプロセスを紹介する。土地の個性を知るために机上作業と現地調査を組みあわせる地理学的アプローチの経験談である。次に、災害研究のなかに、筆者のような取り組みがどのように位置づけられるかを考える。そして活断層の地形調査、空中写真や地図の使い方、また現地踏査のコンセプトを紹介したのち、善光寺地震の発掘調査についてまとめ、最後に土地の個性を理解する視点を考えてみたい。

筆者が高校1年生だった１９９５年、兵庫県南部地震が起きた。当時住んでいた名古屋はたいして揺れなかった。しかし阪神地域や淡路島における甚大被害の報道は心に刻みこまれ、学生時代に活断層を調べはじめた。その後、縁あって善光寺地震のほか、糸魚川—静岡構造線断層帯や上町断層帯、名古屋市直下の活断層など日本各地の活断層、また海外の活断層の調査にもかかわってきた。こうした経験も念頭に置きながら話をすすめよう。

１８４７年善光寺地震の発掘調査

（1）調査開始

筆者はその秋、ある活断層の発掘現場にいた。長野市篠ノ井のりんご園に囲まれたのどかな現場。「秋映」も色濃く熟れ、収穫を迎えようとしていた。

長野盆地では１８４７（弘化四）年、善光寺地震が発生し、地震動や火災、斜面崩壊、せき止めダムの決壊によって8174名が亡くなっている(図1)。時は江戸後期、ちょうど御開帳の年にあたり、善光寺門前町や宿場町は観光客でにぎわっていた。そのさなかの5月8日21時頃（旧暦三月二四日夜五～四ツ時）、マグニチュード7・4の直下型大地震が発生したのである（宇佐美ほか２０１３）。

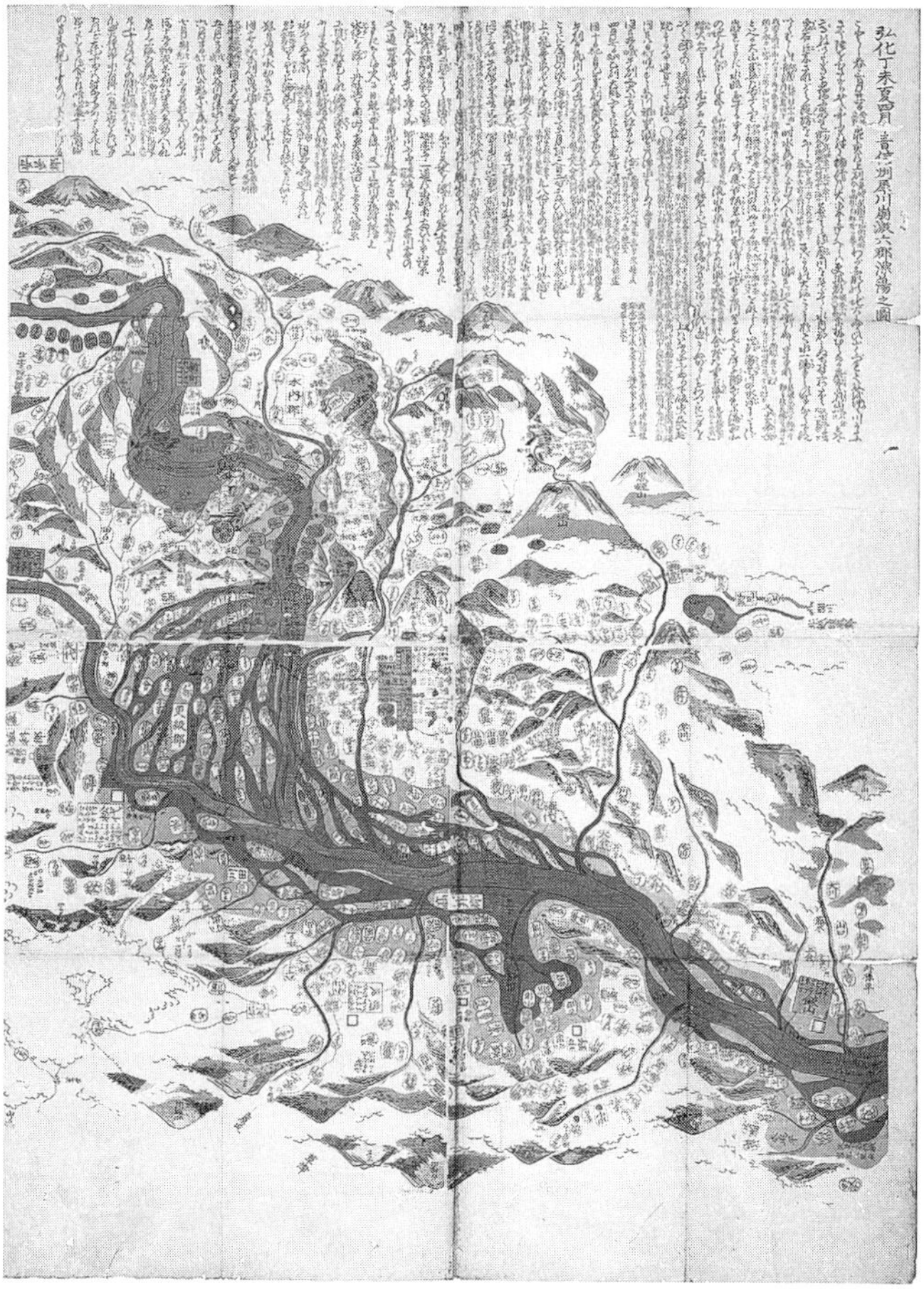

図1　弘化丁未夏四月十三日信州犀川崩激六郡漂蕩之図
信濃毎日新聞社開発局出版部編（1977）.

この大地震は、地形や地質、文献史料からみて、長野盆地西縁断層帯が活動して発生し地表地震断層が出現したらしい（図2）。しかし善光寺地震にともなって生じたはずの地層のずれは誰も確認しておらず、地震時に地下の断層が実際にどのように動いてどのような地表地震断層が出現したのか、よくわからなかった。また活断層の活動繰り返し間隔の再現性の検証が、地震発生予測の根幹であるにもかかわらず、あまりすすんでいなかった。長野盆地西縁断層帯は日本列島の活断層のなかでとくに活動が活発であり、かつ1847年に動いたことが知られているため、その検証にうってつけであった。

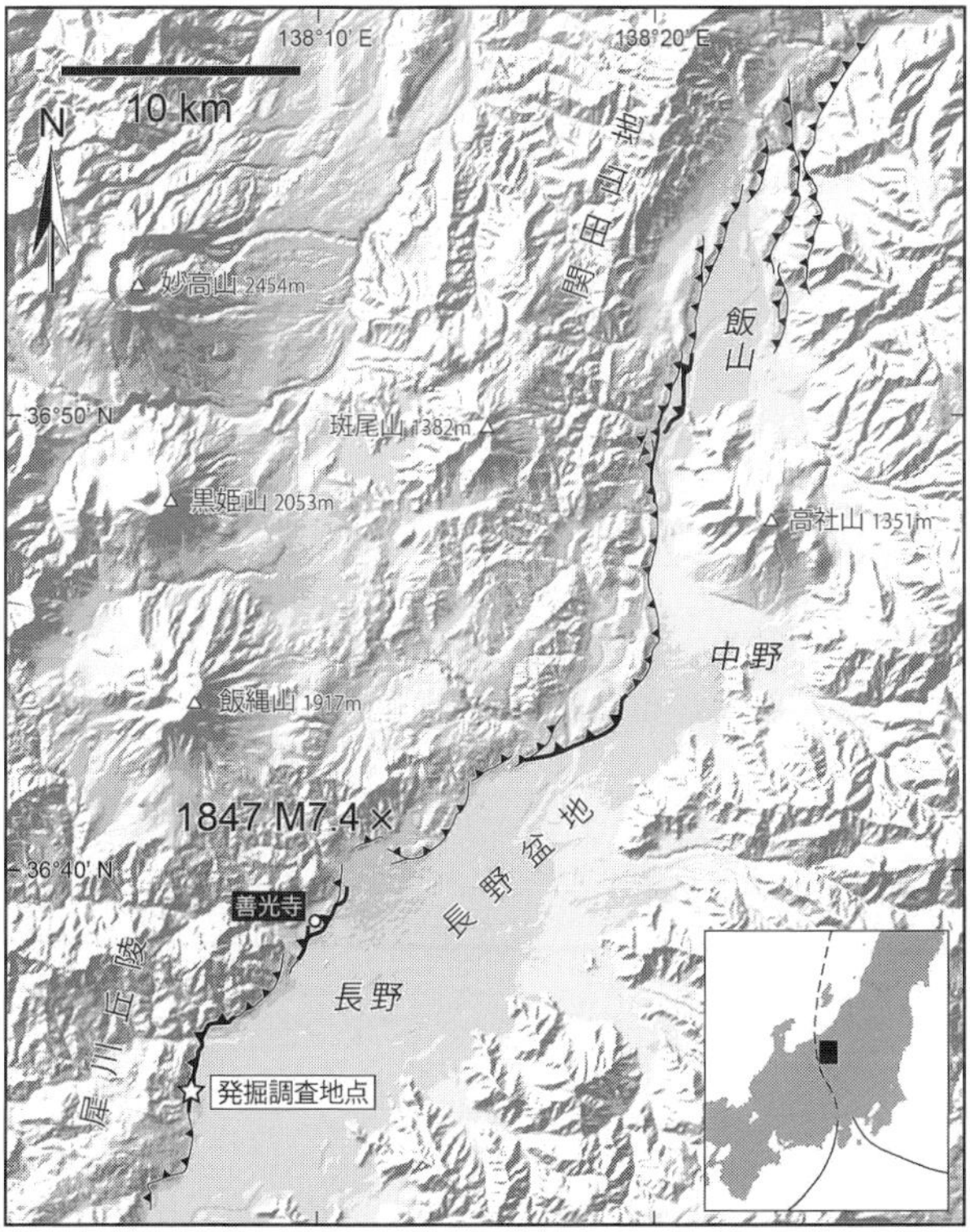

図 2　長野盆地西縁断層帯の分布

太線部分は 1847 年善光寺地震にともなって地表地震断層が出現したと推定される区間．Sugito et al.（2010）を一部改編．

こうした観点から筆者は大学院生のとき、この断層帯の変動地形・古地震調査を思い切って開始した（写真1）。そして調査開始から2年目となる２００５年の秋、トレンチ掘削調査の機会に恵まれたのである。指導教員はじめ先生方、先輩や後輩、また地権者・掘削業者の方、地元の方々の支えあってのひと月であった。

（2）発掘調査まで

この発掘調査はM先生（当時、長野市立の中学校の教頭）抜きには語れない。

京都から長野盆地に何度も通って単独調査を繰り返し、長さ50km以上に及ぶ断層帯全体を歩き倒そうとしていた。そのさなか、篠ノ井布施高田にあるY旅館に泊めてもらったある晩のことである。たしか地区会長のお仕事で旅館にいらした篠ノ井塩崎在住のI氏と世間話をするなかで「善光寺地震の痕跡を調べている」と話したのがきっかけであった。I氏はM先生と個人的にお知りあいで、その場ですぐに電話をして翌朝さっそく引きあわせてくださった。考古学がご専門で、長野県立歴史館でも活躍中の先生はさっそく、長野市内で善光寺地震の痕跡が残っている場所を半日かけて案内くださった。

写真1　長野盆地西縁断層帯
中野市より西方を望む．右手奥は妙高山．2006年1月22日撮影．

歴史地震を調べる場合、地形や地質からのアプローチや史料地震学的手法が有効であるが、郷土資料の精査も見逃せない。その土地のことはその土地に行かないとわからない。当時の町割りや地名も含め、こと細かに知ろうと思えばなおさらである。雨風で踏査が厳しい日には県や市の図書館で郷土資料を読みあさった。教育委員会の方を訪ね、地質や考古遺跡について学ぶ機会もあった。善光寺地震のときに何が起きたのか、断片的な情報をつなぎあわせようとしていた。そうした時期に先生と出会った。博識で現場経験も豊富な先生の助言もあり、善光寺地震の地震像が徐々にふくらんでいった。掘削地の地権者交渉も先生同行ゆえ順調にすすんだ。

こうしたプロセスを経てようやく実現した発掘調査であった(写真2)。後で詳しく述べるように、善光寺地震やそれに先立つ大地震の「動かぬ証拠」が確認された。

地元の要望もあって現地説明会を実施したところ、参加者は100名を超えた。地元住民の関心の高さ、そして地震を調べる責任を痛感した。自然環境を理解するアプローチのなかで、人を捨象したスタンスから、人とのかかわりをベースとする枠組みに心が戻っていったことを覚えている。

2年後の春、同じ現場を深掘りした。善光寺地震を含む4回の大地震の歴史とメカニズムが明らかになった。現場すぐの亀見山光林寺には樹齢400年といわれる枝垂れ桜がある。400年というと善光寺地震を経験していることになる。その開花から新緑までをちょうど見届けた3週間であった。

写真 2　発掘開始直前の様子
北西方を望む．2005 年 9 月 26 日撮影．

自然環境と災害

災害時にはその土地の個性が浮き彫りとなる。

地震災害であれば、大地震を引き起こす活断層の存在が、その土地のリスクとしてまず挙げられる。軟弱な地盤は地震動を増幅させる。家屋等の倒壊は出火を招き、強風は延焼を激化させる。それゆえ地震火災は地震発生の季節や時間帯の影響も大きい。液状化も、砂質物があって地下水位が高い低地を中心に発生する。斜面崩壊や土石流も誘発され、とくに降雨で地盤が緩んだ状況だと発生しやすい。震源が海底であれば津波も起こる。津波火災も、地震火災に匹敵する被害をもたらすことがある。

たとえば、相模トラフを震源とする1923年大正関東地震では、神奈川県~千葉県の軟弱地盤地を中心に震度7を記録し、家屋等が多数倒壊して同時多発的に出火した。ちょうど台風が能登半島付近にあって強風が時々刻々と向きを変えながら関東に吹き寄せ、一面を焼き尽くす大規模延焼となった。地震発生が土曜日のお昼頃という点も多数の出火を招いた要因として見逃せない。液状化や斜面崩壊、土石流による被害も甚大であり、また震源域が陸に近い海底であったため地震発生からわずかの時間で津波が沿岸に押し寄せた（内閣府中央防災会議災害教訓の継承に関する専門調査会編２００６）。

このように、自然環境は日常にさまざまな恵みをもたらす一方、ときとして大きな脅威となる。地形環境をはじめとする自然環境への理解なしには災害は軽減できない。

もちろん、災害の程度は土地の個性だけでは決まらない。人間社会がどのような準備を行っているかも問われる。さまざまな脆弱性を克服しレジリエンスを高める努力が不可欠である。たとえば土地条件を考慮した社会基盤の構築とその持続性担保や、正しい状況判断を支える日常からの防災教育、わかりやすい防災気象情報とその適切な活用、地域コミュニティの活動、まちづくり、また災害経験の継承などを、住民・行政・専門家の協同と役割分担に立脚し、ハード・ソフト両者の長所短所と相補的役割を考慮しながら長期的視点に立って地道にすすめる必要がある。

「もしも」に備えるということは、災害によって一網打尽とならない地域社会を構築することである。予測可能性を認識したうえで、災害を考慮した具体的取り組みを、物事を考える柱の一つとして常に意識する方向にはすすまないだろうか。日常の取り組みは決してマイナスを埋める作業ではない。個人のＱＯＬあるいは地域社会の持続可能性を向上させる鍵の一つである。

以上のように、災害の姿は「土地の個性」と「人間社会の脆弱性」の掛け算で決まってくる。「いつどこで何が起こりうるのか」「われわれはどう備えるか」という問題である。そのなかで筆者の研究は前者、とくに地震災害を引き起こす活断層に焦点をあて、地震発生の歴史とメカニズム、地震による地形環境変化の解明に寄与する研究、と位置づけることが可能であろう。「その地でいつ何が起こりうるのか」「実際に何が起きてきたのか」を実証的に解き明かす取り組みである。たとえば２０１１年東北地方太平洋沖地震の津波像は、日本三代実録にある８６９年貞観津波と共通点が多い。

歴史から学ぶこうした取り組みは災害経験の継承にもつながる。その土地で起きたことはもとより「他の土地で起きたことはここでも起こるのか」「もし同じことがここで起きたらどうなるか」という問題意識である。たとえば多数のせき止めダムを形成させた２００４年中越地震の斜面崩壊は、すぐ南で起きた１８４７年善光寺地震の「山抜け」の姿と重なる。概念的にいえば、時間と空間を取り引きしながら、人間の時間軸をこえて災害を理解しようとする、ということになる。

一般に、同じ活断層がふたたび大地震を起こすまでには数百年以上かかり、人生の時間スケールと比べて非常に長い。しかし日本列島には約２０００の活断層がある。そして活断層のある土地ではいずれ大地震が起こる。他の土地の事例は重要な示唆を与えるだろう。海外調査に出かける理由の一つもそこにあると考えている。

活断層とその調べ方

（1）活断層とは

１９９５年兵庫県南部地震をきっかけとして「活断層」は誰もが知る存在となった。以降も被害地震が相次ぎ、活断層との関係が取り沙汰されている。しかし、活断層の調べ方については理解されていない側面がある。

一般に、活断層は最近数十万年間に活動を繰り返し、将来も活動すると推定される断層である。「最近数十万年」は地形学的な時間スケールとよく一致しており、山地や丘陵、段丘、沖積面などの形態的特徴や発達過程を検討することで活断層の存在やその変位様式を知ることができる。具体的には、空中写真の実体視判読や地形図の判読によってそれぞれの土地の地形発達史を読み解き、活断層によって上下方向や水平方向にずれたと考えないと説明できない地形を断層変位地形として認定することで活断層地図をつくっていく。基本的には地形をみて認定するのである。

大地震にともなって地表面に出現する段差やずれを「地表地震断層」とよぶ。当然、活断層に沿って出現することが多い。規模はおおむね数ｍ以下であり、地形の空間スケールとしては微地形に分類される。したがって空中写真から地表地震断層を認定する際には、後述のように大縮尺の空中写真や地形図を綿密に読みこむ必要がある。

（2）空中写真とＤＥＭ（数値標高モデル）

このように活断層は地形学的な調査をもとに認定される。したがって人の手が加わる前の地形をできるだけ把握したい。

空中写真はそれゆえ、とくに都市域など人工的な地形改変の激しい地域については、少しでも古い時期のものを使用する。大戦直後の米軍撮影航空写真は全国主要地域をカバーしている。地域によってはさらに古いものもあり、上町断層帯の調査には昭和3年大阪市撮影の航空写真も援用した。それでも当地は古くからの都市域ゆえ歴史時代の人工改変を念頭におく必要があった。

最近ではＤＥＭを用いた地形判読もさかんである。実体視に加えて傾斜や凹凸に特化した地形表現、また任意の縮尺での表示や起伏強調も可能である。とくに航空レーザ計測にもとづくＤＥＭは、植生の濃密な地域や都市域など、空中写真では地表面を視認しづらい地域の判読に有効である。こうしたＤＥＭに立脚した地形解析により、名古屋市街地直下をはじめ多数の活断層があらたに認定されつつある（後藤・杉戸　２０１２）。空中写真測量技術やＧＩＳ（地理情報システム）を活用した活断層情報の整備も、糸魚川—静岡構造線断層帯をはじめ、精度検証や地図表現を工夫しながら実現してきた（鈴木ほか　２００９）。古い空中写真を用いて過去の地形を復元する取り組みも本格化している。

こうした地形情報は最も重要な軍事情報の一つである。そのため海外では地形図や航空写真、ＤＥＭが手に入らないこともある。しかし昨今ではさまざまな衛星画像やＤＥＭが入手可能である。モンゴルの調査ではＣＯＲＯＮＡ偵察衛星画像やＡＬＯＳ／ＰＲＩＳＭ画像、ＳＲＴＭのＤＥＭを利用している。

海底に関しては、数秒グリッドのＤＥＭが整備されつつあるが（1秒は約30m）、今後さらに高解像度のＤＥＭが地震発生予測の議論に不可欠である。本章冒頭に記した南海トラフの海底地形調査は1秒グリッドＤＥＭの整備を目的として実施されたものである。

（3）地図のスケールについて

空中写真やDEMにもあてはまるが、地図を活用する際にはスケールが重要である。目的に応じ適切な縮尺あるいは解像度を選択しないと物事をうまく理解できない。

たとえば縮尺4万分の1の航空写真から読み取れる情報を書きこむには、縮尺2万5千分の1の地形図（主曲線間隔10m）が適当であり、縮尺1万分の1の航空写真であれば縮尺2千5百分の1の都市計画図（同2m）と親和性が高い。いつも大縮尺ほど好ましいわけではない。全体を俯瞰したいのか細部を詳しく検討したいのかで異なる。地表地震断層のような微地形スケールの話であれば縮尺1万分の1の航空写真と縮尺2千5百分の1の都市計画図が適切であり、さらに大縮尺の地図を作成することもある。

国土地理院の旧版地図など昔の地図から得られる情報もある。明治以降の地形図を時期別に閲覧できるフリーソフトも公開されている。明治初期の地籍図も見逃せない。法務局や市町村役場が保有している。古絵図が役立つこともあるが、縮尺や描き方、地名変遷などの検証が不可欠である。

（4）現地踏査

活断層調査では、空中写真やDEM、地形図を用いた机上作業に加え、現地踏査が欠かせない。机上作業で活断層分布や地形区分の作業図を作成した後、現地をベタ歩きして地形とその現状、地質露頭を調べ、再度机上作業を行い、ふたたび踏査、という繰り返しによって、詳細な変動地形学図が徐々にできあがっていく。「○○家の裏の低崖」「○○果樹園のなかの傾斜変換点」「○○工場敷地北東角の露頭」といわれてピンとこないようでは、まだ踏査不充分である。工事露頭があれば現場責任者に許可をもらって敷地内に入り観察することもある。地形は実際に歩かないとわからない。腑に落ちないといってもいいだろう。それに、歩く時間と考える時間は相性がよい。

自転車での調査が適切なケースもある。名古屋市直下の活断層の調査の折には、さしわたし約2km に及ぶ長波長の断層変位地形を確認すべく一日走りまわった。

しかしクルマはむずかしい。土地勘が身につく程度である。あくまで移動および荷物運搬が目的とわりきって活用する。長野盆地の踏査では、JR飯山線戸狩野沢温泉駅の駐車場に朝クルマを置いて一日歩きまわり、夕刻たどりついた飯山駅から3駅乗ってクルマに戻ったこともあった。

（5）三次元調査とピンポイント重点調査

活断層調査は昨今、トレンチ掘削調査などのピンポイント重点調査に焦点があたる。たしかに地震発生の歴史を直接的に解き明かして長期予測を行う有効な手法であり、メカニズムの理解にもつながる。しかし、先に述べたような机上作業と現地踏査に立脚して地形を三次元的にきちんと理解することが出発点である。

とくに掘削調査では、掘削開始後の状況判断も重要であるが、どこを掘るかで勝負の8割は決する。どこなら確実に断層や変形をとらえられるか、また断層や変形を解読できる「よい地層」かどうかなどを、その活断層全体を見渡してきちんと選ぶプロセスが重要である。そして、こうした掘削調査は用地確保の関係上、多くの場合、大きくても長さ20m程度である。そのためこの長さ以内で掘りあてる必要がある。

なお掘削用地の地権者探しは、現地での聞取りにもとづくこともあるが、間違えると大変なので法務局で公図や証明書を入手して確認する。住宅地図も交渉時の家さがしに役立つ。遺跡や公園などは法律等にもとづく手続きを踏む。埋設物にも注意が必要である。

ふたたび１８４７年善光寺地震の発掘調査

（1）掘削地の選定

筆者は長野盆地西縁断層帯において、①文献調査（関連する既存文献をすべて収集して精読し問題点を浮き彫りにする作業）、②微地形を主対象とした大縮尺空中写真の実体視判読、③ＤＥＭによる地形判読、④大縮尺地形図の収集、⑤現地踏査、⑥史料の精読、⑦郷土資料の精読、⑧地元住民の聞取り調査、⑨地元の専門家訪問、⑩役場におけるボーリングデータ収集、などをすすめている。もちろん現在もわからないことや手がまわっていないことがたくさんある。

調査を始めて少し経った段階で筆者が注目したのは、史料にある篠ノ井小松原段ノ原の地変である。「筋たちて裂目を為したるは段ノ原のみなりき」とあった。段ノ原で何かが起きたことはわかるが、何が起きたかわからない。その他「光林寺門前」という記述もあった。

段ノ原を踏査すると、光林寺の目の前に一面ひろがるりんご園のなかに、ぽっかりと荒れ地がひろがっていた。活断層の地表位置を考えると、ここを掘ればおそらく断層や変形を確認できる。また岡田川扇状地と北側の河川による扇状地のほぼ中央にあたるため、層厚の薄い細粒堆積物や年代を測れる腐植層で構成されているであろう。扇状地の流路付近だと厚い粗粒堆積物が分布することが多いため、仮に断層や変形があっても不明瞭であり、大地震の痕跡を複数回読み取ることはむずかしくなる。

条件のよい荒れ地がみつかったのは幸運であった。掘りたい場所をどこでも掘れるわけでは当然ない。とくに長野盆地の場合、歩いていると耕作放棄地が非常に少ないことがわかる。仮に果樹園を掘ろうとする場合、果樹を買い取ることになる。その木が毎年１００個の果実をつけてあと30年収穫できる見こみの場合には３０００個分を、そして果樹を複数買い取る場合はその本数分を支払うことになる。

また果樹園には散水用スプリンクラー向けの水道管が縦横無尽に埋まっている。しかしこの荒れ地は地権者の方によると、昔は桑畑、その後果樹園として利用されていたが、今後ふたたび耕作する予定はないとの由であった。多数ある掘りたい場所のなかで、これまで実際に掘れたのはここだけである。

（2）2005年秋の発掘

この発掘では草刈りを行ったのち重機で深さ約2mまで掘った。地層は期待通り薄い細粒堆積物と腐植層が中心であったが、当初断層が出現すると予想していた低崖地形の基部には何もなかった。しかしその数m平野側に、耕作土直下まで切断する顕著な断層が出現した（写真3）。やや反省をしながらも素晴らしい壁面が露出したことに安堵した。

年代測定を行ったところ、露出した断層が1847年に動いたと考えてよいことがわかった。壁面下部には善光寺地震に先立つ大地震の痕跡もあった。

土器片も数点出土した。M先生の鑑定により栗林式土器（弥生時代中期後半）と判明した。弥生時代中期後半とは、西暦でいうといつ頃だろうか。当時、弥生時代の絶対年代について最先端の研究を展開していた国立歴史民俗博物館に電話とメールで問いあわせたところ、紀元前2世紀～紀元前後という丁寧な回答があった。学校で習った頃の年代観とやや異なっていた。考古学界では絶対年代に関してさまざまな議論があるようだ

写真3　**2005年発掘の南壁面**
2005年10月13日撮影.

が、こうした遺物も地層の年代を決める重要な根拠となる。

今回のような顕著な断層は、頻繁には観察できない。しかも1847年5月8日にマグニチュード7・4の大地震を引き起こした断層そのものである。しかし現場は埋め戻さねばならない。長野市立博物館の方が現場で壁面の「はぎとり資料」を作成し持ち帰った。現在、市立博物館分館戸隠地質化石博物館の展示資料としていつでも観察することができる。

埋戻し後には、さらに地下深くの様子をさぐる目的で機械ボーリングを3本行った。

（3）2007年春の発掘

3本のボーリングも深部をさぐるのに有効であったが、やはり直接観察したい。そのため同じ現場をやはり重機で深掘りした（写真4）。

低地では通常、地下数mで地下水にあたる。このときも3mくらいのところで地下水が出て壁面が崩れはじめ掘削困難になった。そのため急遽、矢板を並べて打ちこみ、地下水の流れをくいとめて掘削を続行した。用地を最大限活用すれば深さ8mくらいまで掘れるはずであった。しかしやはり水が出る。あがった土の置き場にも苦労しはじめたため、約6・5mで掘削完了とした。充分だろう。

壁面を観察し、年代測定を行った。その結果、善光寺地震を含めて4回の大地震が約3000年前以降に発生した証拠が確

写真4　2007年発掘の北壁面
2007年4月14日撮影.

認され、活動間隔の再現性を議論することができた。また「筋たちて」という史料の記述が、壁面で観察された逆断層と正断層によってうまく説明できることもわかった（図3）。

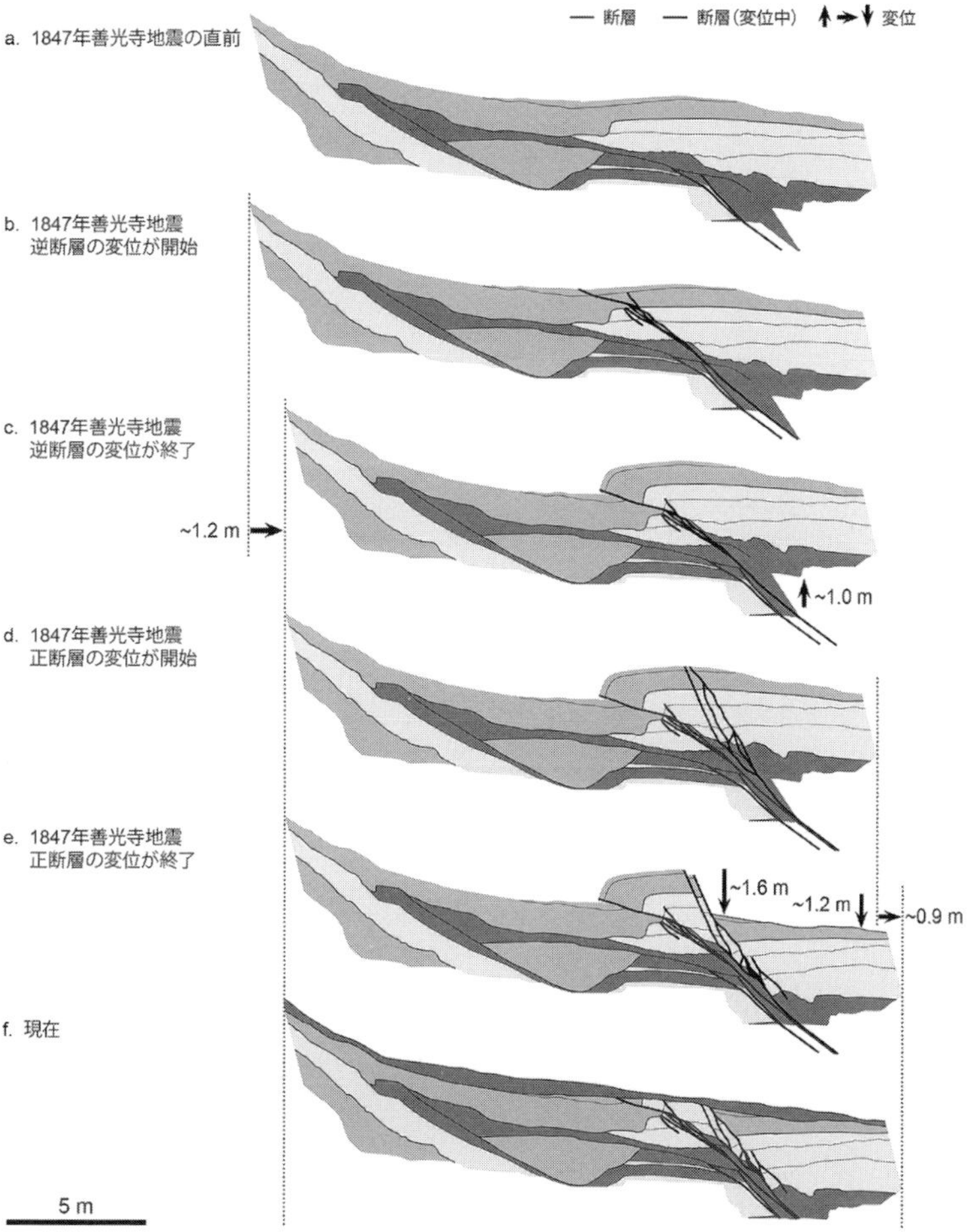

図3　**1847**年善光寺地震にともなう地表地震断層の復元
Sugito et al.（2010）を一部改編.

以上のような机上作業と現地調査によって、１８４７年に段ノ原で何が起きたのか、また長野盆地西縁断層帯が大地震を引き起こす歴史とメカニズムの一端が明らかになったのである（Sugito et al. 2010）。

スケールへの意識と空間認識力

１８４７年善光寺地震に関する筆者のアプローチには、場あたり的な部分もかなりあった。少なくとも確立した方法論とはいえないだろう。しかしあらためて考えてみると、土地の個性を知るための特徴的なやり方あるいはバックボーンといえるものも少しある気がする。

地理学では、注目する事象について、分布を把握し比較を行いながら地域的差異とその要因、歴史的変遷を考えていく。全体の枠組みを大切にし、かつ細部からの積みあげも行う。この視点にたって大地震と活断層の机上調査・現地調査を繰り返してきた。そのなかで徐々に浮かびあがってきたのは「スケールへの意識」と「空間認識力」の重要性である。身体感覚に近いものがあるようにも感じる。

どの空間スケールの事象を扱うのか、それは時間スケールとしてどのくらいかを常に意識しながら、全体を俯瞰するイメージと細部を網羅するイメージをうまく同居させ、机上でも現場でも適切に使いわける。さまざまなマップスケールで物事を把握するといってもよいだろう。たとえば大地震と活断層の場合、広域スケールで隆起沈降や水平方向へのずれをとらえる視点と微地形スケールの地表変形をとらえる視点を同居させて地震像を理解していく。

こうした「スケールへの意識」は、その土地の景観や、実際に現場で起きていることを立体的なイメージとして記憶する、もしくは想像する「空間認識力」とあわせ、土地の個性を理解する重要な鍵ではないかと思う。机上で考え、フィールドでも考える。そのプロセスの積み重ねがものをいう部分かもしれない。家のあたりや旅先、買い物に出かける繁華街など、どんな土地にも個性がある。恵みとリスクが同居し、われわれ人間はその上で生活している。そうした事実への地理的な総合的理解あるいは感覚も「いつどこで何が起こりうるのか」を考える支えになるように感じている。

　災害にあうと「なんで」「どうして」と思う。ＷＨＹ？に答えることは容易ではないが、ＨＯＷ？にはきちんと答えたいといつも思っている。その意味でも歴史やメカニズムの解明は不可欠である。そう信じている。

参考文献

宇佐美龍夫・石井 寿・今村隆正・武村雅之・松浦律子（２０１３）『日本被害地震総覧５９９－２０１２』東京大学出版会.

後藤秀昭・杉戸信彦（２０１２）数値標高モデルのステレオ画像を用いた活断層地形判読、「*E-journal GEO*」7, pp. 197~213.

信濃毎日新聞社開発局出版部編（１９７７）『弘化四年善光寺大地震』信濃毎日新聞社.

鈴木康弘・杉戸信彦・坂上寛之・内田主税・渡辺満久・澤 祥・松多信尚・田力正好・廣内大助・谷口 薫（２００９）糸魚川‐静岡構造線活断層情報ステーション――Web-GIS ベースのシステム構築とその意義――、「*E-jounal GEO*」4, pp. 37~46.

内閣府中央防災会議災害教訓の継承に関する専門調査会編（２００６）「１９２３関東大震災報告書――第１編――」、http://www.bousai.go.jp/kyoiku/kyokun/kyoukunnokeishou/index.html（２０１３年11月30日閲覧）.

Sugito, N., A. Okada, and H. Tsutsumi (2010) Geologic evidence for surface rupture associated with the 1847 M 7.4 Zenkoji earthquake at Dannohara, Nagano City, Japan, *Bulletin of the Seismological Society of America*, 100, pp.1678~1694. doi: 10.1785/0120090171.

9 火山の鼓動をきく
火山学のフィールドワーク

嶋野 岳人
SHIMANO Taketo

火山との出会い

（1）私の火山フィールド事始め

1年半ほど前、編者の一人である木村周平さんから火山でのフィールドワークや災害について書いてくれないかと頼まれたとき、私は、「火山災害を知るためには、まず〝火山〟そのものを知ることが必要」と、主題のフィールドワークの前に、延々と火山の解説をした。そこで編集陣からいただいたコメントは、火山よりフィールドワークの話をもっと盛り込んでくれという趣旨だった。至極当然のご意見だ。しかし、いろいろ考えた結果、やっぱり火山の話をさせてもらうことにした（理由は後述）。ただし、火山に関する詳細よりも私の伝えたいことに要点を絞ったので、もし精確な火山の理解をお求めなら、火山学の教科書をあたって欲しい（シュミンケ２０１０など）。

さて、本題に入る前に、私の人となりがわかるような体験を語るのがよいとアドバイスをいただいたので、まずは私の来歴といくつかのフィールド体験を述べたい。私は高校卒業後、1年の予備校生を経て都内の国立大学に進んだ。2年目後半に理学部地学科への進学を決め、専門科目として地質学、鉱物学などを学び、4年生から「岩石セミナー」に配属されて火山の研究を始めた。セミナーとは、いわゆる研究室とほぼ同義だが、複数教員（職階による上下関係は弱い）の指導を仰ぐのが特徴だ。「火山学」にはとくに固有の教義はなく、火山に関する基礎知識や先達の研究成果を学ぶことはあっても、方法論や思想は従来の地質学、鉱物学、岩石学、地震学などを踏襲しており、火山学独自に確立した○○の法則などはとくに見当たらない。後で述べるフィールドワークの手法も、地質学の必修科目として教わるものを礎としている。

科学が「仮説」と「検証」の両輪で成り立つ以上、火山学において火山でのフィールドワークは「検証」手段として必須であり、「仮説」を立てる題材を与えてくれる。その重要性は今も昔も少しも変わらない。しかし、その大学教育での取扱いはかなり変貌した。私が卒論で火山を希望した際に相談した先生方は、いずれもまず、どこかの火山の調査を勧めた。今から20年ほど前の大学はまだゆとりがあって、「テーマ」より「場所」を決めるのが通例だった。学生はその地域へ赴き（私は一人で）、テーマを見つけるように言われるが、それまでに受けた調査法の実習は合計数週間程度で、私は現地で何をすればいいか途方にくれた。さりとて交通費・宿泊費も自腹、私はとくにキャンプ生活までした調査である（写真1）。ただで帰るわけにはいかないので、何とか気力を絞って野帳に記録を残し、岩石試料を採取して帰った。

いずれにせよ当時は、卒論のあと数年間の大学院でよい研究さえしていれば研究者として順調にいく、実情はともかく、そういう雰囲気があった。結果的には私は苦しい大学院生活を送ることとなったが、幸運にも研究者として生計を立てている。一方、私より若い世代の多くは、必ずしもフィールドワーク中心ではなく、テーマを絞ったうえで、室内実験や岩石試料分析あるいは理論計算を中心とした卒業研究にシフトさせていった。分析機器やコンピュータの性能が急激に向上したこと、時間のかかるフィールドワークでは論文数による業績評価には耐えられないなど、さまざまな理由が挙げられてはいるが、いずれにしてもフィールドワーカーが減少したのは事実である。

（2）私の噴火体験

学生時代には2回、ポスドク時代に1回の大きな噴火を経験した。あえて「大きな」と書いたのは、じつは私が卒業研究を始めた諏訪之瀬島（鹿児島県トカラ列島）は日本有数の活火山であり、そのときから私はしばしば目の前で小さな噴火を見ていた（写真2）。

初めて「大きな」噴火を経験したのは、２０００年3月末からの有珠山《うすざん》噴火だった。このときは遠い北海道での噴火だったこと、まだ学生だったこと、自分の博士論文にかかりきりだったことなどから、短期調査を除けば、私は現地から送られてくる火山灰を分析しただけだった。しかし、時々刻々と変化する噴火推移と並行して分析を進めていくことに緊張感を味わった。

次は同年6月末からの三宅島噴火だった。身分は変わらなかったが、私自身の所属機関が三宅島観測の中心を担っており、私の博士論文が三宅島を題材にしていたので、必然的にこの噴火に挑むこととなった。当初、早く現地に行って噴火をみたいと思ったが、その前に噴火は収束し、地割れ分布などの調査をした。ところが約10日後、予想外のことが起こった。約３０００年ぶりのカルデラ形成であった。その後1カ月余りのカルデラ形成期間に、われわれは何度も降灰にまみれて噴出物の分布調査を行った。また、その後数年間は、亜硫酸ガスが大量に放出され、全島避難となった。私は火山活動の監視（とくに火口監視）のため、上空からのヘリ観測に加わった。

3回目は２００４年浅間山噴火であった。ちょうど火山灰連続採取の手法開発（後述）を考えていたので、まずは人力で実践しようと数人で交代しつつ降灰調査をした。一方で、マグマの組成や物性の変化をとらえるために噴出物を全噴火で採取し、マグマの地下滞留時間と結晶化度の関係を明らかにした。４回目の噴火として、２０１１年霧島新燃岳噴火を体験したが、さまざまな研究に追われていたため、どちらかというと後述の桜島観測の合間に立ち寄った程度の体験であった。

写真 1　著者卒論フィールドの諏訪之瀬島火山

ほとんど自動車道はなく，往路はテント（手前），食糧・飲料水をすべて自分一人で担いで調査をし，帰路は岩石試料を運んだ．テント周辺は降雨時には川になった．有人島だが唯一の公共交通である定期船の欠航も多く，1 カ月ほど閉じ込められたこともあった．人からは海外より遠く過酷なフィールドといわれた．現在はだいぶ便利になった．1996 年撮影．

写真 2　爆発開始直後の諏訪之瀬島火山の火口

写真中央が噴火口．このあと噴煙は頭上高くまで上昇した．この日は何度か同様の爆発を目撃したが，どのタイミングで爆発になるかはわからない．翌朝，さらに大きい爆発が発生したあとは，火口内でたえず赤い溶岩のしぶきが噴き出す噴火に変わった．2010 年撮影．

火山の話　その一――多様性の全体像

冒頭で私が火山の解説に固執したことを紹介したが、その最大の理由は火山災害の多様性である。実際、私の噴火体験でも何度となく予想を裏切られた。だから、火山現象の一面のみをとらえて、何か（とくに災害）を語るほど危ういことはないと感じているのである。多くの読者は火山といえば「噴火」災害を想起するだろうが、火山災害は噴火だけではない。突然、火山体が根こそぎ崩れること（山体崩壊）もあれば、2013年の伊豆大島のように大雨で何百年も前の噴火の堆積物が流出することもある。噴火そのものによる災害だけでも多様である。爆発、溶岩流、火砕流、火山灰降下…といった、まったく様相の異なる現象がさまざまな条件（たとえば、規模、火口の位置、積雪など）の変化によって、多種多様の災害を引き起こす。地震や台風、津波、風雪などは「現象」を指す言葉だが、「火山」とはさまざまな火山現象を引き起こす「場所」を指す言葉に過ぎない。防災に役立つフィールドワークでは、火山現象の多様性を知ることが第一歩である。だから、火山の話をさせて欲しかったのだ。

すでにこれだけでも、ほとんどの読者は火山災害がいかに多様かおわかりいただけたと思うが、じつはそれだけではない。われわれ現代人は、地球誕生以来現在までに発生した火山現象のまだごく一部の〝小規模な〟ものしか実態を知らないのである。図1は最近約10万年間に日本周辺で発生した火山噴火の年代と規模を表している。最近100年ほどに発生した噴火のほとんどは小規模であり、辛うじて古文書などが残る歴史時代の噴火はその100倍程度の規模である。そして、数千年前以前の噴火にはさらにその100倍のものがある。

つまり、ここ10万年ほどの時間スケールでみれば、九州や北海道のかなりの領域が厚さ何十mもの火砕流堆積物で埋没する巨大噴火が何度か発生している。その規模は、２０１１年の霧島火山群新燃岳噴火の数万倍に匹敵する。巨大噴火は平均すれば１万年ほどに１回は発生しているが、実際には間

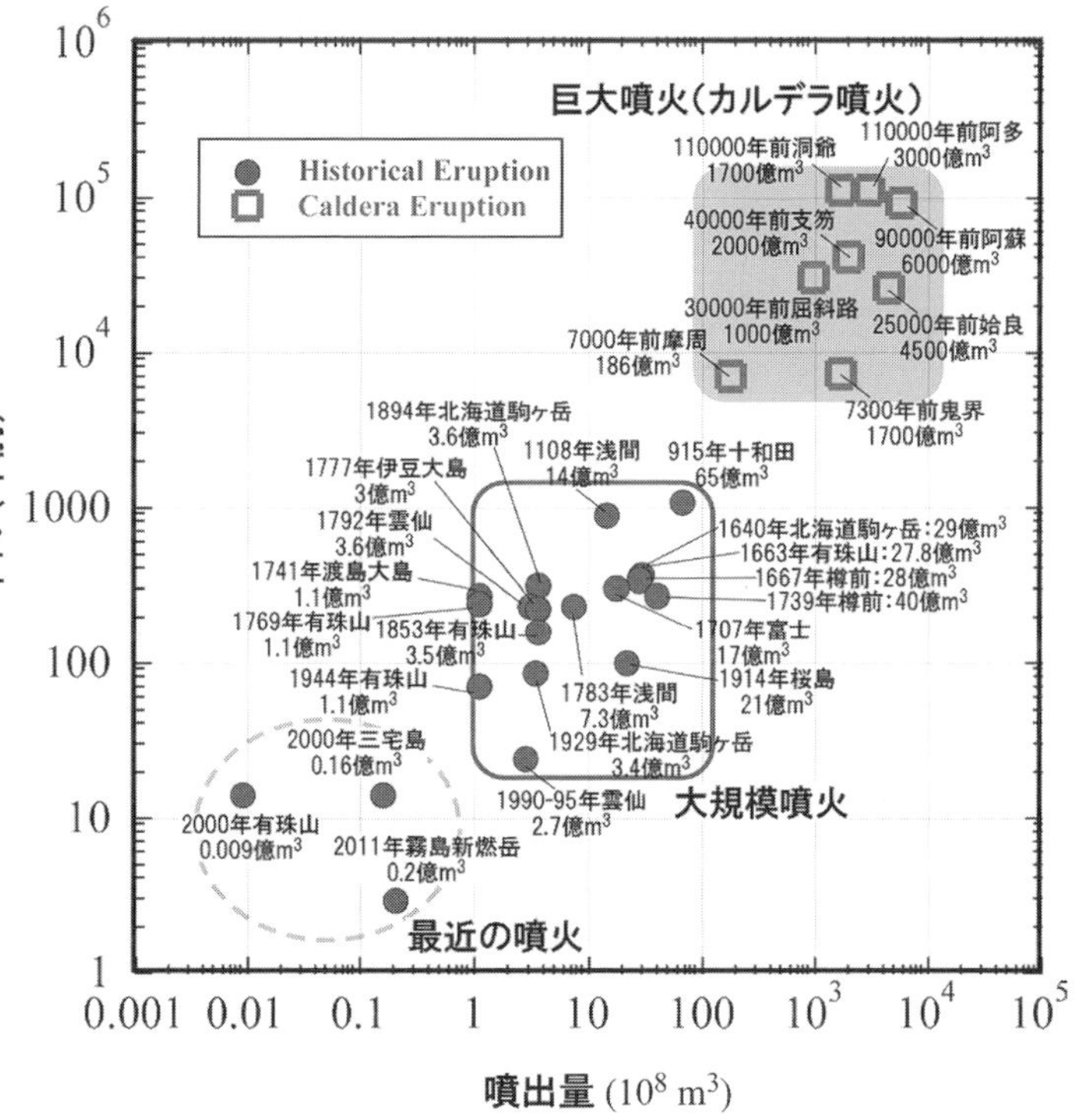

図１　日本周辺で発生した主な火山噴火の年代と規模の関係
最近約 10 年の噴火に比べ，歴史時代にはその百倍，数千年前以前には数万倍もの規模の噴火が発生している．ただし，噴火堆積物は時間とともに侵食などで消滅するため，図は古い時代に小規模噴火がなかったことを示すのではない．広域的な火山防災対策に係る検討会（2013）をもとに作成．

隔が数千年しかなかったこともあるので、最後の巨大噴火が7千年ほど前というのは、そろそろ次の噴火が来てもおかしくない数字とも解釈できる。さらに、これらの巨大噴火の詳細なメカニズムや破壊力、継続時間、さらに前兆現象などについてとなると、ほとんど何もわかっていないが、いずれにしても、広い時間レンジにわたって噴火の「年代」と「規模」を把握することは、いつ来るかわからない火山現象多様性の「全体像」を知るうえでも必須の作業である。

火山のフィールドワーク概説

(1) フィールドワークの使命 ── 時空間レンジを押さえる

ここでフィールドワークとして、噴火の「年代」と「規模」を押さえるという一つの使命が与えられた。その根幹を支える地質学の法則がある。地層累重の法則「相重なる2つの地層のうち、本来下位にあった地層は上位の地層より古い」(地学団体研究会 1996)である。このきわめて単純な法則は、いくつかの例外を除き、よく成り立つことが経験的に知られ、われわれ火山地質学者もこれを拠としてフィールドワークを行っている。以下、同様の方法でさまざまな火山でも行われている研究テーマの例を【 】に示す。

図2に富士火山1707年噴火の堆積物の模式的な図を示す。柱のような形をしているので柱状図という。縦方向は地層の厚さを示し、地層累重の法則により、この柱の下から順に噴出物の特徴をみれば、噴火の推移を時間とともに追うことができる。この噴火では初めに白色および褐色の軽石が少量噴出し、その後、低発泡のスコリア(黒っぽい軽石のこと)、次いで高発泡のスコリアが大量に噴出したことが読み取れる【研究例:○○火山○○年噴火の噴火推移の実態解明】。

また、柱状図を火山周辺で面的に作成し、地層の上下関係から同一層を見いだし（対比という）、その厚さを地図上に書き入れて、等層厚線を描けば、噴出物の空間分布がわかる（図3）。そして、この分布範囲において各等層厚線の囲む面積と厚さをかけて総和を求めれば、堆積物の総量を見積もることができる（図1の横軸。ただし、図3の場合、海中部分は推定）。

同様の手法を用いれば、たとえ何万年も昔の噴火でも、堆積物さえ残っていれば、噴火の規模や噴

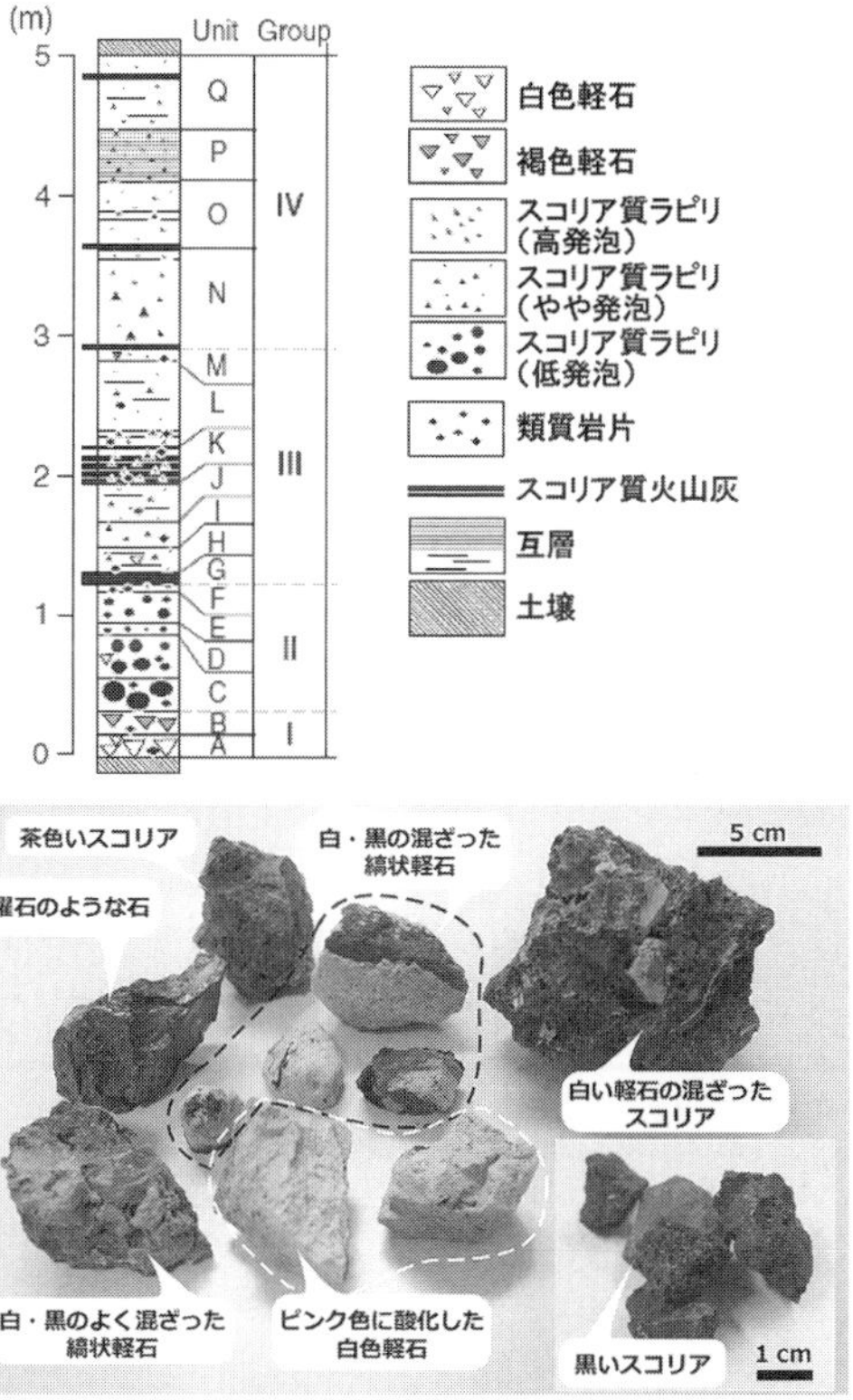

図2　富士火山1707年噴火（宝永噴火）の噴出物

（上）降下火砕堆積物の柱状図：フィールドでは軽石やスコリアなどを識別し，その特徴を野帳に柱状図として記載する．噴出物の特徴ごとに細かくUnitあるいは大局的な特徴にもとづいてGroupなどに分ける．Miyaji et al.（2011）をもとに作成．ラピリ，類質岩片，土壌とはそれぞれ，粒径が2～64mmの火山噴出物，過去の噴火で噴出した火口周辺の溶岩などがこの噴火で放出されたもの，非噴火時に生成される有機物に富む粘土質の堆積物のこと．

（下）初期（1707年12月16日）の主な噴出物：さまざまな軽石・スコリアが噴出した．爆発にともなって発泡したマグマが固結したものが軽石である．とくに黒っぽいものをスコリアとよぶ．色の違いは化学組成，発泡度，結晶量，酸化状態などさまざまな要因による．

火の順序を推定できる【研究例：○○火山の噴火史の解明】。幅広い時間・空間レンジで日本周辺の火山噴火の「全体像」をとらえた図1のような関係もまさに地質調査（フィールドワーク）によるデータの蓄積によってのみ得られる成果である。

（2）フィールドワークの先に得られるもの

フィールドワークで採取した噴出物は、火口でマグマが爆発粉砕されるときにできたものであり、その粒径や形状、表面状態なども噴火のメカニズムを知る重要な手がかりである。噴出物やそれに含まれる鉱物の種類・化学組成等はマグマの状態（温度、圧力条件：圧力は地下深度と相関）を知る手がかりとなる【研究例：○○火山のマグマ蓄積・結晶化過程の解明】。また、噴出物中の気泡や鉱物のサイズ分布や鉱物組成の不均質などはマグマの地下上昇中にできたものなので、これらが逆に噴火に至る過程を知る手がかりとなる【研究例：○○火山○○年噴火のマグマ上昇過程の解明】。このような実態を実証解明する研究は、室内実験では不可能であり、フィールドワークによって得た噴出物試料の解析の圧倒的な強みであり醍醐味でもある。

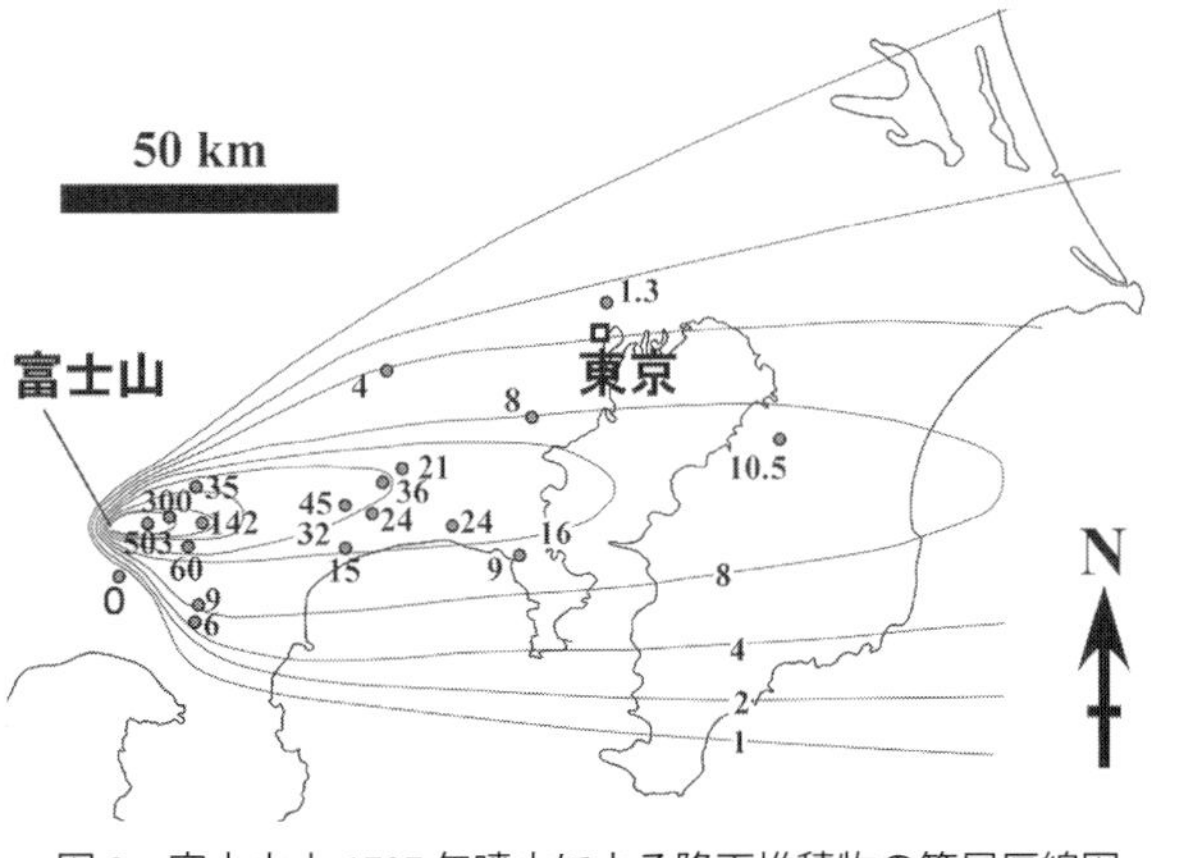

図3　富士火山1707年噴火による降下堆積物の等層厚線図
強い偏西風のため，東に延びた分布を示す．層厚は東麓の御殿場市では数m，東京都心でも数cm堆積した．Miyaji et al.（2011）をもとに作成．地図中の数値は層厚で，単位はcm.

（3）フィールドワークを支えるツール

ここでフィールドワークを支えるツールと調査行程を少し紹介しよう（詳しくは天野・秋山2004などを参照されたい）。写真3は火山地質調査で用いる主な道具の一部である。クリノメータとは一種のコンパスで、地層の方角・傾斜角度（走向・傾斜という）などを測定する器具である。折尺は写真撮影時や計測時のスケール（被写体の大きさを示すもの）となる。岩石試料はハンマーで適当な大きさに粉砕し、肉眼・ルーペで鉱物などの観察を行う。堆積物中の火山灰層等の整形（表面の凹凸を削り取って観察しやすくする）にはねじり鎌が重宝する。細かく成層したところでは、ヘラを用いて試料を採取する。その他、風雨・降灰などに耐え、身の安全を確保する装備（衣服・カバン・靴・ヘルメット、ロープ、ヘッドライト、熊除け鈴など）が必要である。

調査行程としては、地形図を読みながら露頭（堆積物の断面などが観察できる場所のこと）を探し、堆積物の分布や堆積状況（厚さ、粒径、堆積構造、構成物質）の記載・

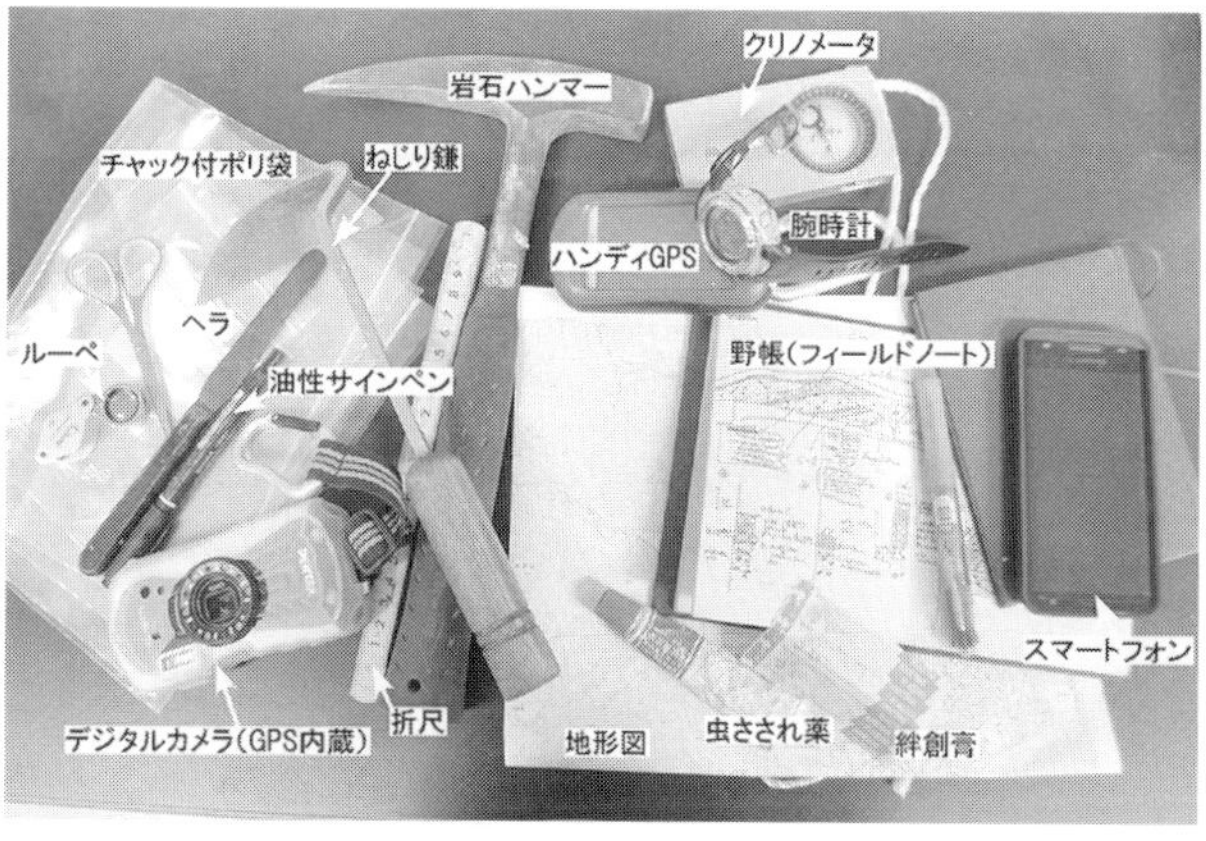

写真3　フィールドワーク（地質調査）に用いる道具の一例
位置を把握する道具（地形図，ハンディ GPS，クリノメータ），地層・岩石を調べる道具（クリノメータ，ねじり鎌，ルーペ），記録する道具（時計，野帳，ペン，折尺，カメラ），岩石試料を採取する道具（ハンマー，ヘラ，チャック付ポリ袋，油性サインペン），身を守る道具（絆創膏，虫さされ，スマートフォン）に大別できる．

計測を行いながら、露頭の写真撮影を行い、ルートマップの作成をし（調査ルートに沿って、溶岩や火砕流堆積物などの地質種に対応させて地形図を色鉛筆で塗り分ける）、持ち帰って分析する試料を採取する、というのが一般的であろう。露頭位置の記録には地形図が長く用いられてきたが、現在ではハンディGPSやGPS機能付きカメラなども多用されている。記載には野帳（フィールドノート）を用い、柱状図や露頭・岩石のスケッチを中心に、堆積物の情報（粒径など）を記録する。私の最初の指導教員は、火山を調査するときの極意は「噴火現象を想像しながら露頭観察をし、そこで得たイメージを次の露頭で検証する。その繰り返しである」と言っていた。実際、十何年と私が繰り返してきたことはまさにその通りだった。

現在では、宿や同行者らとの連絡確認には携帯電話を使用するのが普通になり、さらにスマートフォンが主流となりつつある。噴火を目撃する可能性のある活発な火山では、現象記録の精度を上げるため、正確な時刻把握のために電波時計を使うようになった。このように調査を支えるツールはここ10年でめまぐるしく進化した、今後はウェアラブル端末などが記載ツールの主流になるかもしれない。ただし、これらに甘やかされてはいけない（自戒も込めて）。海外などでは地形図の未整備地域も多く（軍事上非公開も含む）、GPSの使用が規制されていることもある。現時点では、あらゆる悪条件に耐えうるのはやはり、ペンと紙の地図とノートかもしれない。

火山の話　その二——定常性・規則性

防災に取り組むうえで、いつもでてくる課題が「予知」である。火山噴火については、観測体制と噴火のデータ蓄積が充分な火山では、ある程度の予知は可能である。しかし、実際に噴火開始の数時間前に、噴火開始時刻、噴火タイプ、火口位置、規模などを指定して予測できるかというと、まだまだまったく困難というのが現状である。そういう側面を知るうえで、もう少し馴染みの火山の例を述べておこう。

一つは世界有数の活火山、鹿児島県の桜島である。1955年以来、断続的に爆発を繰り返し火山灰を放出している。桜島火山はその観測体制の充実ぶりでも世界有数である。京都大学防災研究所をはじめ、気象庁、国土交通省などが定常的に観測しており、山体に掘削したトンネルに設置した高精度の傾斜計やひずみ計の変動からマグマの上昇をとらえ、爆発数時間前に爆発発生をおおよそ予測できる体制がほぼ確立している。しかし、このような体制でも、いざ、噴火時刻や規模となると、事前に予告するのはきわめて難しい。実際、十数年スケールでみれば、桜島火山の平均的な噴出率はほぼ一定なので（図4：灰色太線）、一見予測もできそうな気がする。ところが、そ

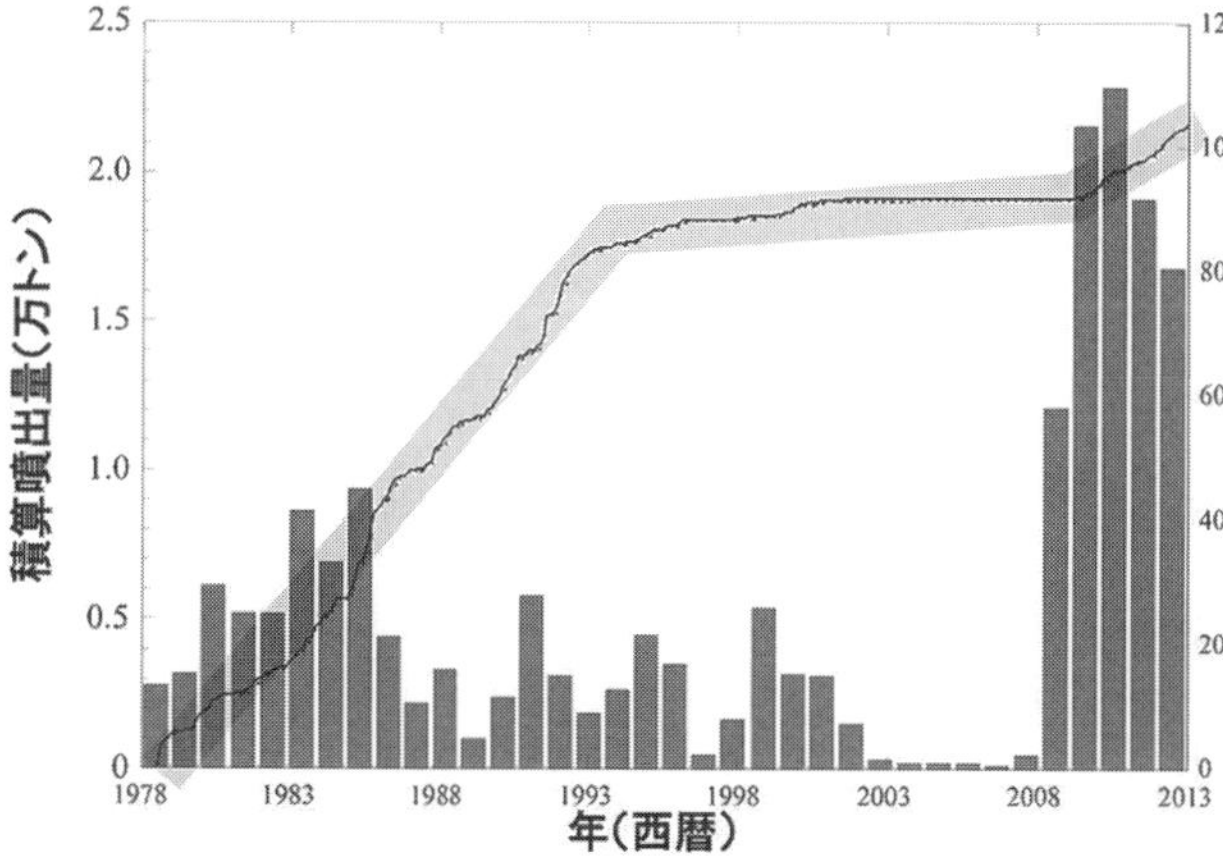

図4　桜島火山の最近35年間の噴火活動

黒線：積算マグマ噴出量．ヒストグラム：年間爆発回数．マグマ噴出率は数年〜十数年ではほぼ一定だが，爆発回数・間隔は毎日バラバラで，より短いあるいは長い時間スケールでは一定ではない（折れ曲がり）．また，最近5年間の昭和火口の活動は以前より爆発回数は多いが，噴出率は小さい．京都大学防災研究所提供．

の間の爆発の回数や発生間隔には一定の法則性はなく変動し（同：ヒストグラム）、これに対応して、各爆発の噴出量も真の直線ではなく細かく変動している（同：黒線）。また、十数年以上のスケールでは、大きな変動が認められ（同：灰色太線の屈曲）、平均的な噴出率もまったく異なるものとなる。つまり、一見「周期的」あるいは「定常的」ともいえる桜島の活動は、じつはかなり不規則なのである。大噴火の予兆となれば、高精度な観測体制で〝異常値〟をとらえることは可能かもしれないが、その時点でその異常値を〝大噴火の予兆〟ととらえることが可能なのかどうかはまったく理解の及んでいないことである。

もう一つの例は富士山である。富士山は何度も噴火を繰り返してきた第一級の活火山である。地球上のプレートの運動に従って、火山にはある一定の方向に応力がかかるため、その影響を受けてしばしば特定方向に火口配列が集中する。富士山でも、大局的には南から北上を続けるフィリピン海プレートの影響を受け、地下のマグマを通す亀裂が北西—南東方向に延び、結果として多くの火口がこの方向に配列する（図5）。したがって、次の噴火がどこで起こるかを考えた場合、北西—南東方向のどこかで発生すると考えるのが最も妥当であろう。

ところが、図5をよく見ると北西—南東方向以外にもかなり火口列が存在する。実際、平安時代に噴火した火口は北〜北東側などの山腹にもある。最近の噴火でも伊豆大島1986年噴火や有珠山2000年噴火でも火口位置の正確な予測はできなかった。つまり、噴火の位置も、一見「規則性」はあるが、時期によって変動することも、例外もかなりある。

以上でみてきたとおり、火山のもう一つの特徴として、時間・空間ともに大局的な定常性・規則性は認められるものの、個々の噴火事象の発生については、かなりばらつきがあって精確な開始時刻・火口位置および噴火の推移などの予測は今のところ困難であることがわかるだろう。

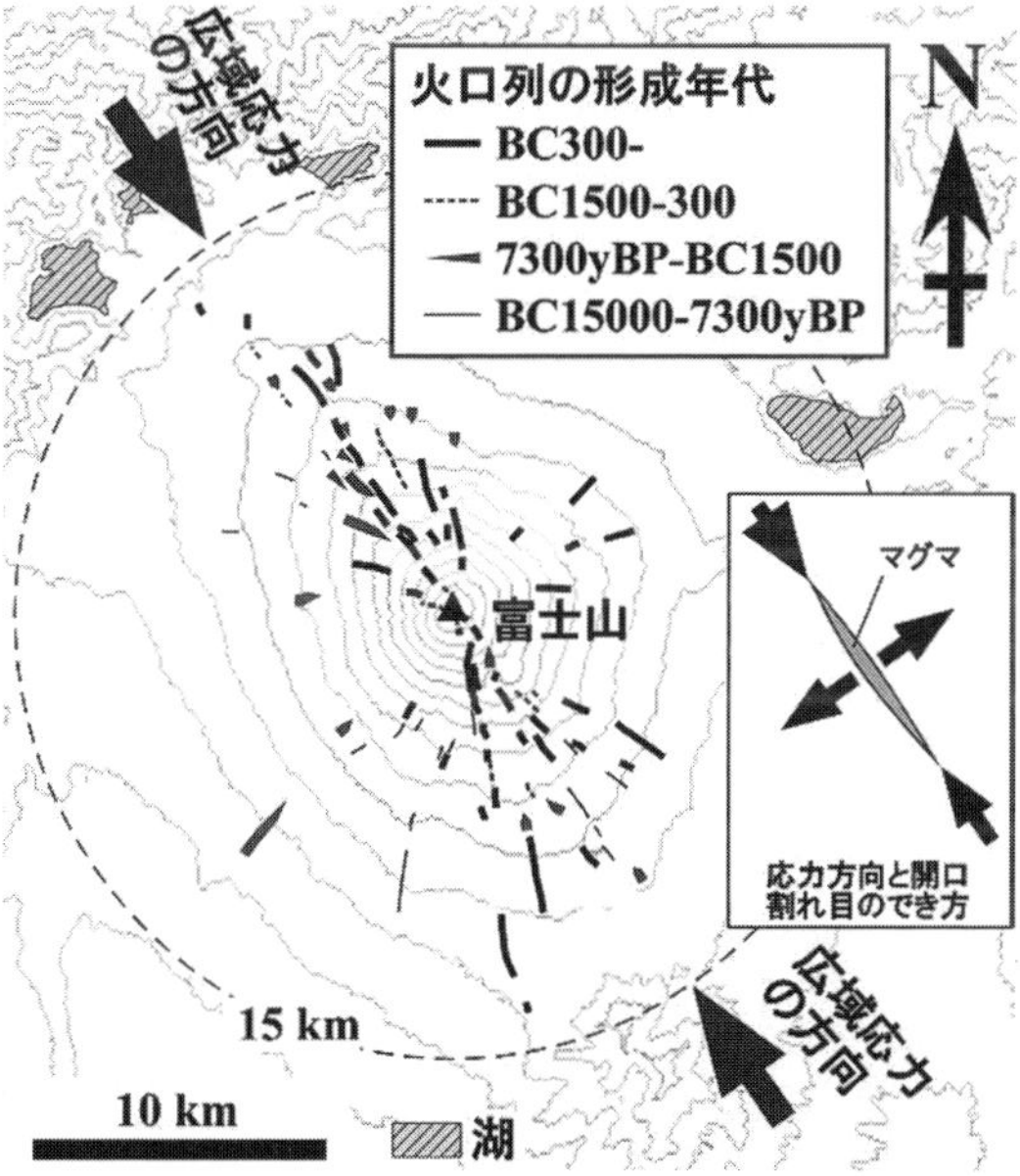

図 5　富士火山の火口配列
多くの火口は広域圧縮応力の方向（北西―南東方向）に配列する．一方で，南西～南山腹などにも火口が少なからず分布する．また，同一方向に配列する火口でも活動時期はさまざまである．高田ほか（2007）をもとに作成.

火山フィールドワークの近未来――予測を見据えた展開

私が研究を始めて初めて噴火を見たのは、おそらく卒論フィールドの諏訪之瀬島か、そこへ行く途中で見た桜島であった。いずれにしても、噴火をずっと見ていても飽きなかった。噴火はどれも千差万別で、二度と同じ噴火は起こらなかったからである（写真2）。

その後、現在まで、これらの火山には何度も通ってきたが、現在の私のフィールドワークは、これまでの地質学的なもの（前述）と比べるとだいぶ変容を遂げた。噴火推移を理解し予測につなげるには、まず、噴火推移がどのようなものか実態を解明する必要がある。私はそう考え、噴出物の連続採取が可能な自動火山灰採取装置をおよそ10年がかりで開発・運用してきた（Shimano et al. 2013）。装置設置という点では、地震観測などの地球物理学的手法と同様だが、試料を採取し分析を行う段階には物質科学的（地質学的・岩石学的）手法をとっている。

このような取り組みは複数手法の融合という点で新たなフィールドへのアプローチだが、もう一つ重要な点がある。私はこの手法により、これまでは地球物理学的な手法でしか対象にされてこなかった時間スケールの噴火現象を物質科学的手法で検証し、噴火現象の理解につなげようと考えている。従来は、地球物理観測機器の特性、物質科学的手法の特徴をそれぞれ生かすため、ともすると、現世の現象は地球物理学者、過去の現象は地質学者、というようなテーマの棲み分けのようなものがあった。しかし、これは地下のマグマの動きを探るうえで手落ちがある、と私は思ったのだ。

実際、地震や地盤変動からマグマの位置や動きを推測することはできるが、マグマそのものの状態を知ることは困難である。一方、噴出物からマグマの組成などはわかっても、精確なマグマだまりの深度決定やマグマの上昇速度の逐次決定は難しい。そこで、私は、両者を上手く取り入れることで、マグマの状態と動きを詳しくとらえることが可能ではないかと考えたのである。

じつは、このように地球物理学者と協力して行う物質科学的アプローチは、今、国内外で盛んに進められている。まだ私が作成した噴出物の連続自動採取装置のようなものはないが、火山ガスや映像（可視光・熱赤外など）、爆発にともなう空振などの多項目観測が、世界的に有名な活火山で進められている。いずれにせよ、一手法で一人孤独に行うフィールドワークだけでは、火山噴火という複雑な現象をより深く理解することは難しくなっている。

火山災害――火山と人間の付き合い方

火山災害の最大の特徴はすでに述べたとおり「多様性」である。したがって、火山災害に備えるべきことは山ほどあるが、ここでは一点を強調したい。すなわち、「火山噴火および火山災害の多様性の存在が、まず、広く一般に認識されること」が火山防災の第一歩である。

最近は聞かなくなったが、「地震だ！　火を消せ！」のような、一つの現象に一つの行動が結びつくものではなく、〝噴火〟といっても噴火様式、火口位置、噴火規模などによって、とるべき行動がまったく異なる場合もある。そればかりか、現象によっては、専門家でもメカニズムのわからないものもまだ多い（火砕流の流動、深部低周波地震など）。ある現象から別の現象へと移り変わるメカニズムも不明な点が多く（噴火推移問題）、まして、その遷移がいつ起こるのか、噴火がいつ終了するのか、といった予測はきわめて難しい。とかく、自然災害というとハザードマップに結びつけたくなるが、これにも限界がある。すべての可能性を盛り込むことも可能かもしれないが、そうすると肝心なことが広く伝わらない恐れがある。現実的には、調査が進んでいて人的被害が大きいあるいは頻度が高いと予想される現象を選んでつくられていることが多い。

火山噴火推移や多様性は、どこか、われわれ人間の一生の一幕とも似ている。人間は一生のうちにさまざまな行動・経験をし、喜怒哀楽を繰り返し、有限の時間を持って人生を終える。一方、火山はその一生（おおむね数十万年といわれる）に噴火・休止、風雨による侵食を積み重ねつつ、成長と崩壊を繰り返す。噴火にはさまざまなタイプと強弱があり、それぞれ休止・継続時間にも長短がある。

自然のもつリズムと人間のもつリズムは、時に調和し合い、その場合は人間に恵みをもたらす（実際、休止期の火山は湧水、温泉、鉱物資源、豊かな生態系など、多くの恵みをもたらす)。一方で、災害とは、自然のリズムに人間が対応できない場合に発生するものともいえる。その観点でいえば、自然災害でも地震や風水害などは、発生の時間スケールが人間のライフサイクルと同程度で、人間が体験的知識獲得をしやすい現象ともいえる。

たとえば現象の継続時間は、地震であれば多くのものは最大でも10分前後、台風であれば長くて1週間程度という感じである。また、震度3~4程度の地震は3・11以前でもたびたび発生していた。台風も年に数十号ほど発生し、いくつかは上陸する。つまり、誰もが一生の間に何度か経験する。

ところが、火山噴火は、まず、火山の近くに住まない限りめったに経験しない。また、1回の噴火が数分足らずで終わることもあれば、何十年と続くこともある。1回の噴火の噴出量(規模)も最大と最小で比べれば何桁も異なる。頻度については、現在の桜島では1日数~数十回であり、富士山1707年噴火と同等規模であれば、数百年程度に1回、カルデラ噴火であれば数万年に1回という幅広いレンジをもっている(図1)。これらは人類が体験的に知識を獲得・継承できるサイクルを大幅に超えているであろう。東日本大震災をもたらした東北太平洋沖地震と同地域同規模の地震がおよそ1000年前の貞観地震といわれ、この長期間にわたる災害知識の継承が課題とされているが、火山では、さらに一桁以上大きい時間・規模レンジの現象まで知られているのである。

こうしてみると、もちろん火山災害に対してインフラやハザードマップの整備は必要であるが、多様な火山災害リスクの全可能性に対して備えることは現実的に不可能である。したがって、火山災害については、まずもって「火山や噴火がそもそも多様なものなのだ」ということを、専門家のみならず、行政・市民が認識し継承することが重要だということになるのである。この準備なくしては賢明な判断はできない。なかなか一気に進めることは難しいが、少しずつでも努力を続けることが重要である。

その手段として、誰もが火山地域において、それぞれの分野・レベルで、噴火の多様性を知るフィールドワーク（調査・研修・火山学習など）に取り組むことはよい準備になるのではないかと思う。この機会にぜひ、フィールド案内書（高橋・小林　１９９８など）でも片手に、火山へ出かけていって欲しい。

火山フィールドワークのすすめ

〝3・11〟を受けて、火山学という分野も変わらざるを得なくなった。火山学は地震学とちょっと違い、そもそも学際的な分野だったが、そのために大所帯にはなり得ず、とくに噴火予知のような分野は地震学に寄り添って発展してきたからである。一方で、火山学という学問分野としては人材不足状態にある。かねてからの大学ポスト削減に加え、最重点課題とされる新分野などにポストを少しずつ直接的、間接的に明け渡しているともいえる。にもかかわらず、数少ないポストを埋める新たな人材も多くはない。未だ途上にある火山現象の理解、低頻度大規模災害への取り組み、既知事実の啓蒙・防災教育、いずれも平時から人材を確保し、粛々と進めるべきことであり、これ以上の減員は学術発展のみならず、防災上も望ましくはない。

しかし、このような現状をひとまず横に置いても、火山の複雑さを理解することは純粋に科学としておもしろいだけでなく、その多様さに触れることは本当に飽きないものである。多様であるがゆえ、やるべきことはまだたくさんある。ぜひ、火山でのフィールドワークの魅力に触れ、若い人材が飛び込んでくれることを望んでやまない。

参考文献

天野一男・秋山雅彦（２００４）フィールドジオロジー入門、日本地質学会フィールドジオロジー刊行委員会編「フィールドジオロジー」1.

広域的な火山防災対策に係る検討会（２０１３）大規模火山災害対策への提言【参考資料】. http://www.bousai.go.jp/kazan/kouikibousai/index.html（２０１３年５月16日記者発表：２０１３年12月閲覧）

シュミンケ・ハンス−ウルリッヒ（２０１０）『火山学』隅田まり・西村裕一訳、古今書院.

高田 亮・石塚吉浩・中野 俊・山元孝広・小林 淳・鈴木雄介（２００７）噴火割れ目が語る富士火山の特徴と進化、荒牧重雄・藤井敏嗣・中田節也・宮地直道編『富士火山』山梨県環境科学研究所、pp. 183~202.

高橋正樹・小林哲夫（１９９８）『フィールドガイド日本の火山① 関東・甲信越の火山Ⅰ』築地書館.

地学団体研究会編（１９９６）『新版 地学事典』平凡社.

Miyaji, N., Kan'no, A., Kanamaru, T., Mannenn, K. (2011) High-resolution reconstruction of the Hoei eruption（AD 1707）of Fuji volcano, Japan. *Journal of Volcanology and Geothermal Research,* 207, pp. 113~129.

Shimano, T., Nishimura, T., Chiga, N., Shibasaki, Y., Iguchi, M., Miki, D. (2013) Development of an automatic volcanic ash sampling apparatus for active volcanoes. *Bulletin of Volcanology*, 75, 773, DOI 10.1007/s00445-013-0773-7.

10 復興まちづくりでのプラクティス

プランニングにむけてのフィールドワーク

饗庭 伸
AIBA Shin

フィールドワークとプランニング

筆者は都市計画やまちづくりを専門としている。都市計画やまちづくりは、災害にかかわらずとも行われるものであるが、筆者が専門家としてキャリアをスタートして、まず遭遇したのは阪神・淡路大震災であり、中越地震や集集大地震（台湾）にも調査者としてかかわることになった。筆者の世代の専門家にとっては、災害復興は都市計画やまちづくりの欠かせない一部分である。

さて、海外では都市計画は政治学の分野に位置づけられることも多いが、わが国では工学系の建築学の分野に置かれている。建築は当初「造家」といわれていたように、その出発点は住宅の設計にある。人びとが安心して安全に快適に暮らす基本的な空間が住宅であり、それらが発展した数多の建築があり、その集合として都市がある。都市には空間だけでなく、そこで暮らす人たちの社会がある。空間の設計を中心におきつつ、地域社会を構成するさまざまな要素も含めて人びとが安心して安全に快適に暮らす都市空間を設計することが、都市計画における「プランニング」である。

このように筆者は人類学や民俗学の専門ではないので、乱暴な対比であることをお許しいただきたいが、当書の主題である「フィールドワーク」と、筆者の分野で用いられる「プランニング」という二つの言葉の違いから考え始めたい（図1）。

フィールドワークとプランニングは、性格がまったく異なる双子のような言葉である。地域社会を対象として、そこを調査し、そこから何らかの知見を引き出す、という点ではそれは同じであるが、それに携わる専門家の地域社会への接近の仕方や成果となるものは異なる。フィールドワークは、地域社会に多数の視点から接近し、そこから得た情報を知見としてまとめ、それらをアーカイブにまとめる。アーカイブでは、類型化やラベル化の作業を経て知見や情報が百科事典的にまとめられる。その「多数の視点」の背景には、それぞれフィールドへの異なる接近の仕方をもつさまざまな学問分野のディシプリンがある。さまざまな接近の仕方で得られた異なる情報や知見を束ね、相互につきあわせてその知見を相互に磨きあげるのがフィールドワークであり、それがアーカイブに表現される。

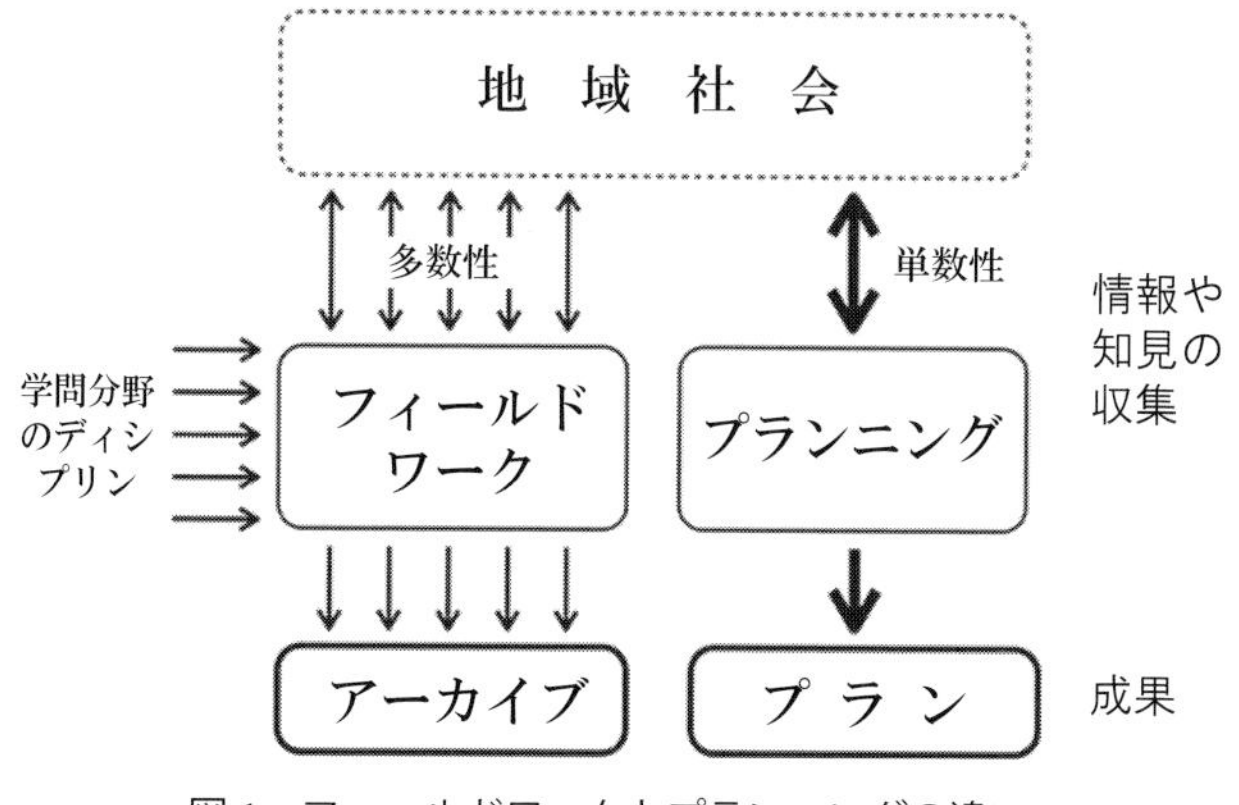

図1　フィールドワークとプランニングの違い

一方のプランニングは、一つの人格のプランナーが中心となって行われる。プランナーの手によって地域社会からさまざまな知見や情報が収集され、それらを踏まえたプランがまとめられる。さまざまな知見や情報から地域社会のなかに構造的に存在する課題や可能性が発見され、課題を解決し、可能性をのばすために、具体的な対策が組み合わされてプランがつくられる。一つの地域の同じテーマについて複数のプランが並立することはあるが、プランは合理的に、異なる主体が力をあわせたり、資源を出し合ったりして課題を解決するためにつくられるものではあるので、それらはお互いに調整し、一つになろうとする。もちろん、それに失敗して、ある地域に異なる住民グループが考えたプランが乱立したり、行政が考えるプランと住民が考えるプランが並列で存在したりすることもあるが、プランは本質的には単数性をもつ。

乱暴にまとめると、フィールドワークもプランニングも地域社会を対象にすることは共通しているが、フィールドワークは視点の多数性をもち、その成果は多数性が共存できるアーカイブとしてまとめられる。かたやプランニングの視点は単数であり、その成果は単数のプランとしてまとめられる。

フィールドワーク的なプランニング

しかしこの二つは双子のようなものであるので、うまく融合させることが可能であるし、そのほうが合理的であることがある。たとえば一つの地域社会に対してフィールドワークとプランニングがバラバラで行われることは、時に「調査公害」とも揶揄され、両者の連携が求められる。そして、こうした現実的な理由ではなく、そもそも二つの融合がお互いにとってより高次の成果をあげることも考えられる。つまり、フィールドワーク的なプランニング、もしくはプランニング的なフィールドワークの可能性である。

筆者はプランニング側の人間であるので、フィールドワーク的なプランニングのイメージしかもっていないが、こういったやり方は、たとえば「発見的方法」というような呼び名で１９６０年代頃からしばしば方法化されてきた（発見的方法とは早稲田大学建築学科の吉阪隆正氏の研究室によって提唱された方法である。詳細は吉阪 1975）。地域社会のプランニングにあたって多数性をもった調査を行い、それらをプラン化する際も視点の多数性を確保し、最終的なプランとあわせてアーカイブを計画図書の一部として刊行する、という方法である。

しかし、発見的方法とて完成された方法ではない。都市計画・まちづくりの分野に限ったことであるが、さまざまな大学＝学派ごとに、同様の方法が提案・模索されていた時期がある。それぞれが優れた方法の体系をもっているが、万人が認める体系とはなっていない。そもそも多数性を前提とする以上、万人が認める体系を確立することを目指すべきではないのかもしれない。いずれにせよ、フィールドワーク的なプランニングは現在もあちこちで常に議論や改良が重ねられている方法である。

ではどのような方法があるのだろうか、二つの方法をあげておく（図2）。

第一の方法（右図）は、まずはフィールドワークから先行し、その成果をプランニングが受け取ってプランに仕立て上げていくというように、二つの作業を一つの時間軸のなかで線的に順序だてて行うという方法である。

第二の方法（左図）は、フィールドワークの

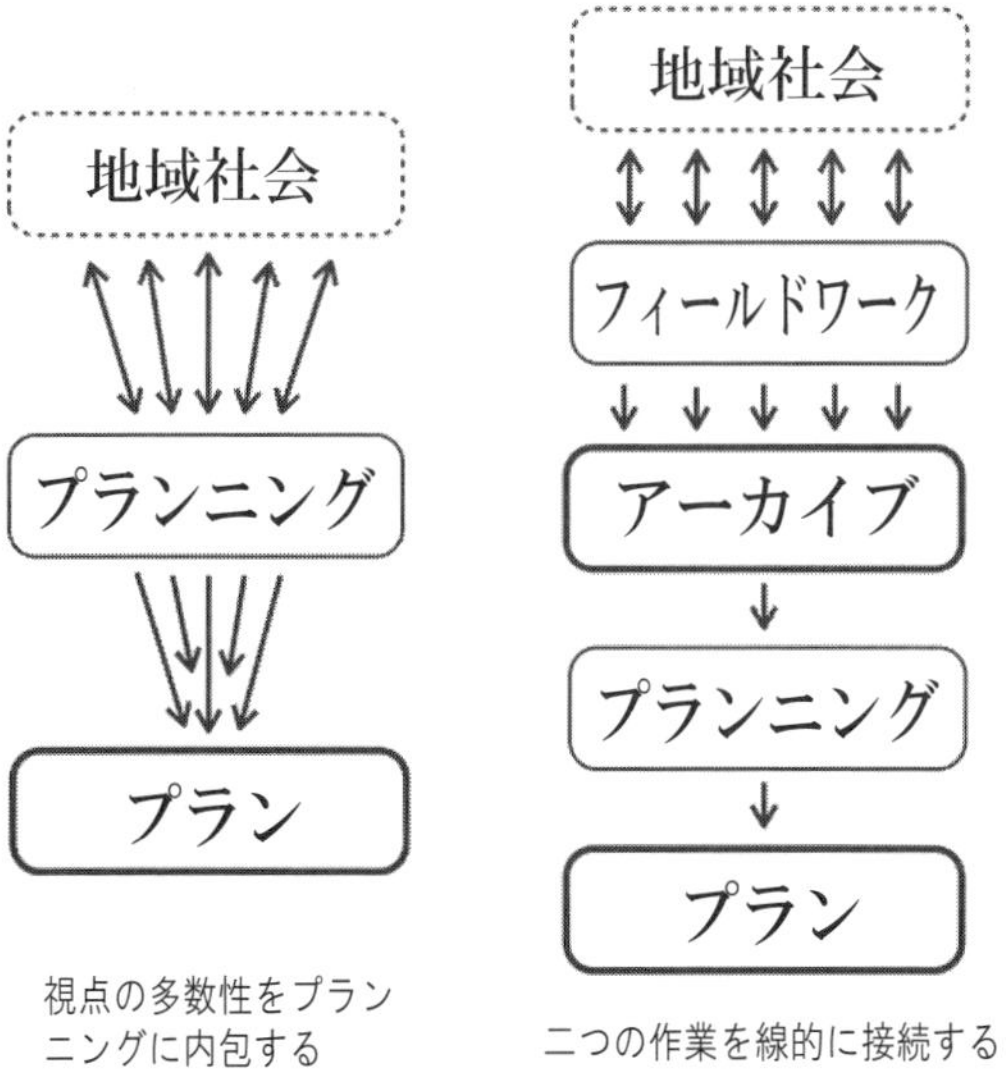

図2　フィールドワーク的なプランニングの二つの方法

方法をプランニングに融合していく、つまり、フィールドワークがもつ視点の多数性を、プランニングの視点とその過程に内包するという方法である。

本章では、私が災害復興まちづくり計画のフィールドワーク的プランニングを行っている大船渡市綾里《りょうり》地区におけるこの二つの方法の実践の大枠を示し、その詳細を実践的な知恵として述べていきたい。

二つの作業を線的に接続する——災害時のフィールドワークとプランニング

まず第一の方法の大枠を述べていこう。フィールドワークを行い、やがてその成果をプランニングへと移行させるという方法は珍しい方法ではない。まず災害時ではない平常時の取り組みをみてみよう。たとえば私は、１９９６年より山形県鶴岡市の中心市街地の活性化を主題とするまちづくりにかかわった経験がある。大学の研究室としてかかわり、そこで最初に行ったことはフィールドワークであった。研究室の学生がそれぞれの卒業論文や修士論文を仕上げるなかで鶴岡の調査を行い、さまざまな知見を蓄積し、そこからアーカイブを作成し、それを住民たちにフィードバックした。

住民たちは、私が活動を始めた当初は「まちづくり」という言葉に懐疑的であったし、その言葉と自身の日常との距離をつかみかねている状態であった。しかし、情報のフィードバックを通じて、研究室が発見した地域の魅力や課題が伝わり、やがて住民たちのまちづくりに対する意識が豊富化していく。たとえば、中心市街地は城下町時代の都市基盤が残る細く複雑な街路構成をもっていたが、それは住民たちにとって自動車交通の不便さの象徴であった。しかし、フィールドワークによってそれが歴史的な財産であることの意味づけがされ、やがて住民たちはそれを誇りに思うようになり、ついには「歩いて暮らせるまちづくり」という都市の目標像に結実してさまざまなまちづくり活動が展開することになった。

こうした変化にあわせて、私の活動はプランニングの段階に移行し、さまざまなプロジェクトを実現していくことになった。このように、フィールドワーク→住民の意識形成→プランニングという過程をとることが、通常のフィールドワークとプランニングの関係である。

しかし、この関係は災害復興の過程では成立しない。鶴岡でのフィールドワークは、まちづくりに対して必要性を感じていなかった住民の意識の掘り起こしや形成の一過程として行われた。しかし、災害復興時においては住民の意識はその正反対の変化をする。突然の災害によって、彼らの防災への意識、復興への意識は強制的に起動させられている。口を開けば全員が復興を語り出す、というほど彼らの意識は高い状態になっており、彼らの意識は一刻も早いプランを要求する。そこで必要な過程は、徐々に住民の意識を形成しプランニングに持ち込む、という平常時の取り組みとは正反対の過程であり、高い意識を汲み取りながら緊急的にプランニングを進め、意識が落ち着く頃に将来に向けた教訓を整理するためにフィールドワークを行う。通常はフィールドワーク→住民の意識形成→プランニングと進むとしたら、綾里地区でとられた方法は住民の意識形成→プランニング→フィールドワークという順番である。この平常時とは異なる「逆進」の過程が、第一の方法の大枠である。

視点の多数性をプランニングに内包する――研究室と住民参加

ついで第二の方法の大枠を述べていこう。キーワードは「研究室」と「住民参加」である。

「研究室」とは一般にも使われる言葉ではあるが、大学等における工学系・理学系のディシプリンや知の形成において特有の役割を果たして来た。大学における研究室とは、講義の一類型として教員と学生の少人数の対話型の講義として行われる「ゼミ」とは異なり、よりはっきりした組織性をもつものである。その内部では、特定の課題やプロジェクトごとにチームが組成され研究活動が行われている。学生は見習い的ではあるが自立した研究者としての振る舞いを要求され、そこが研究室とゼミの大きな違いである。

私の研究室には学部の4年生から修士課程まで常時10～20名の学生が所属するが、綾里地区でのフィールドワーク的プランニングには常に半数程度の研究室のメンバーがかかわった。つまり、自立した複数の見習い研究者たちが集団でかかわることによって、プランナー側に「多数性」を確保するということを意図したわけである。彼らは私とともに現地に入り、私よりも長い時間を使って地域にかかわり、地域のフィールドワークを行い、お互いの情報や知見を持ち寄り、互いに交換をしてプランを練り上げていった。幸いなことに、私の研究室には学外から多くの学生が進学し、建築だけではない、土木工学や政策科学をバックグラウンドとする学生が所属している。もちろん、私の傘のもとで展開された活動であるため、多数性の確保には限界があるが、一つの人格のプランナーだけでかかわるのではない方法が担保できた。

一方の「住民参加」とは、プランニングの諸過程にその対象となる地域の住民がかかわる、プランニングの形態を指す。わが国の都市計画やまちづくりの分野では、1960年代末頃から、①都市計画やまちづくりの民主的な手続きを充実化する、②住民の本当の必要性にあわせたよい計画をつくる、③住民の主体性を育て地域の都市計画やまちづくりの担い手を育成する、の3つを意義として各地でさまざまに実践されてきた。近年は「ワークショップ」とよばれる、有志の多数の住民がプランナーの準備する机につき、プランの課題についてさまざまに議論を行うという手法が多く取り組まれている。本章でここまで使ってきた言葉を使うと、多数で多声の集団である住民が参加するこの方法は、まさにプランニングのなかに多数性を確保する。綾里地区での住民参加で心がけたことは、個々の住民参加の場に地図や模型といった客観的な素材を持ち込み、それを中心にしながら多数の住民の議論を進め、その場の最後に必ず結論を出したことである。つまり、多数性を確保したうえで単数の結論を出す、というサイクルを、一つの場（多くの場合はそれは2時間程度である）のなかで完結させ、それを積み上げていった。

以上のように、私は綾里地区でのプランニングを住民参加型で組み立て、そこに研究室としてかかわった。つまり、住民参加の多数性と、研究室の多数性を掛け合わせることによって、より豊かな多数性を獲得することを狙ったことが、第二の方法の大枠である。

大船渡市三陸町綾里地区での取り組み

では、これらの方法について具体的にどのように取り組んだのか述べていこう。

（1）綾里地区の概要

大船渡市三陸町綾里地区は、合併前の三陸町にあった吉浜地区、越喜来地区とならぶ3つの地区の一つである。典型的なリアス式海岸の地区であり、たびたびの津波の被害にあってきた。とくに明治三陸大津波においては、本州で観測された津波では当時最も高い遡上高である海抜38・2mを記録したことで有名である。漁業が主要産業であり、とくにワカメ、ホタテの養殖が安定した収入を地域にもたらしている。地区は11の集落で構成され、人口は約2700人である。明治三陸大津波の死者は1350人、昭和三陸大津波の死者は178人、東日本大震災による死者は28人と、死者数は一桁ずつ減少しており、昭和後期につくられた防潮堤がある程度機能したこと、避難行動が迅速に行われたこと、現地では「復興地」とよばれている昭和三陸大津波時の高所移転地がほぼ安全だったこと、集団移転が行われていない集落でも、個別の高所移転が徹底されたことがその原因である。少なくない方が亡くなっているとはいえ、昭和三陸大津波以来の80年にわたる減災まちづくりが効を奏した地区であるといえる。

（2）復興への取り組み

大船渡市は２０１１年4月20日に災害復興基本方針を、その後7月8日に復興計画骨子を策定した。並行して綾里地区では各集落や漁協などの代表者約50名で構成される東日本大震災綾里地区復興委員会（以下「復興委員会」）が7月13日に設立された。設立に行政が関与しない住民の自治組織である。復興委員会は同年の9月に76項目の要望事項を「提言書」にまとめて市長に提出し、その後に行政の関連部署との懇談会や被災者アンケート調査を重ね、「提言書」を踏まえた13項目の「要望書」を２０１２年3月に市長に提出した。提言書と要望書を受けて、総合子ども園、消防分遣所等の施設の再建が決定されたほか、2カ所の防災集団移転促進事業と1カ所の公営住宅の検討が進められた。いずれについても、復興委員会は被災者の要望のとりまとめ、地権者の意向の調整、土地の選定を進め、行政と交渉した。

（3）復興まちづくり計画のプランニングの時期

提出までに1年をかけたとはいえ、専門家の手を借りずに作成してきた要望書は緊急的に必要な個別の要望を束ねたものであり、そこから長期的な地区の将来の姿がはっきりと見えてこない。移転後の高台におけるまちづくり、移転跡地の活用を含めた海側の土地利用、避難計画など、綾里地区全体の「まちづくり」の計画をつくるための支援の依頼が筆者らにあり、２０１２年4月より支援を行うこととなった（支援は、筑波大学の木村周平および常葉大学の池田浩敬との共同プロジェクトとして取り組まれている）。

復興まちづくり計画の作成にあたっては、集落ごとに6つの部会を設けて少人数での議論を行った。各部会の検討結果を全体の復興委員会に上げ、そこで決定していくという方法である。各部会では2週間に1回ほどのペースでワークショップを開催し、案を練り上げていった。その間に大船渡市からは災害危険区域の案の説明が、岩手県からは防潮堤の詳細な位置と周辺道路の整備計画が示され、県市とその内容の調整を行い、２０１３年5月に「第2次提案書　復興まちづくり計画」（図3）をまとめ、市長に提案した。

この間の部会における住民参加は、既述の通り、多数で議論して結論を出すというサイクルを一つの会合で完結させ、それを積み上げながら進めた。その具体的方法を説明しておこう。

①模型とゼッケンと地図（２０１2年5月）

事前に東京で地区の模型を作成し、それを復興委員会に持ち込むところから議論がスタートした。それまで住民は、模型はおろか地図すら用いずに議論を行っており、模型を囲んで地形を確認しながら復興について熱心に意見交換をする議論の輪が自ずとできたことが印象的であった（写真1）。

プランニングには6名の学生が携わったが、筆者も含む全員が初めて訪れる土地であるためあわせて現地調査を行い、すべての集落を踏査した。その際に全員が大学名の入ったゼッケンを着用した。これは大学の研究室が支援をスタートしたということのデモンストレーションも兼ねており、ゼッケンをきっかけにした地区住民との現場でのコミュニケーションを狙ったものである。実際に調査中に

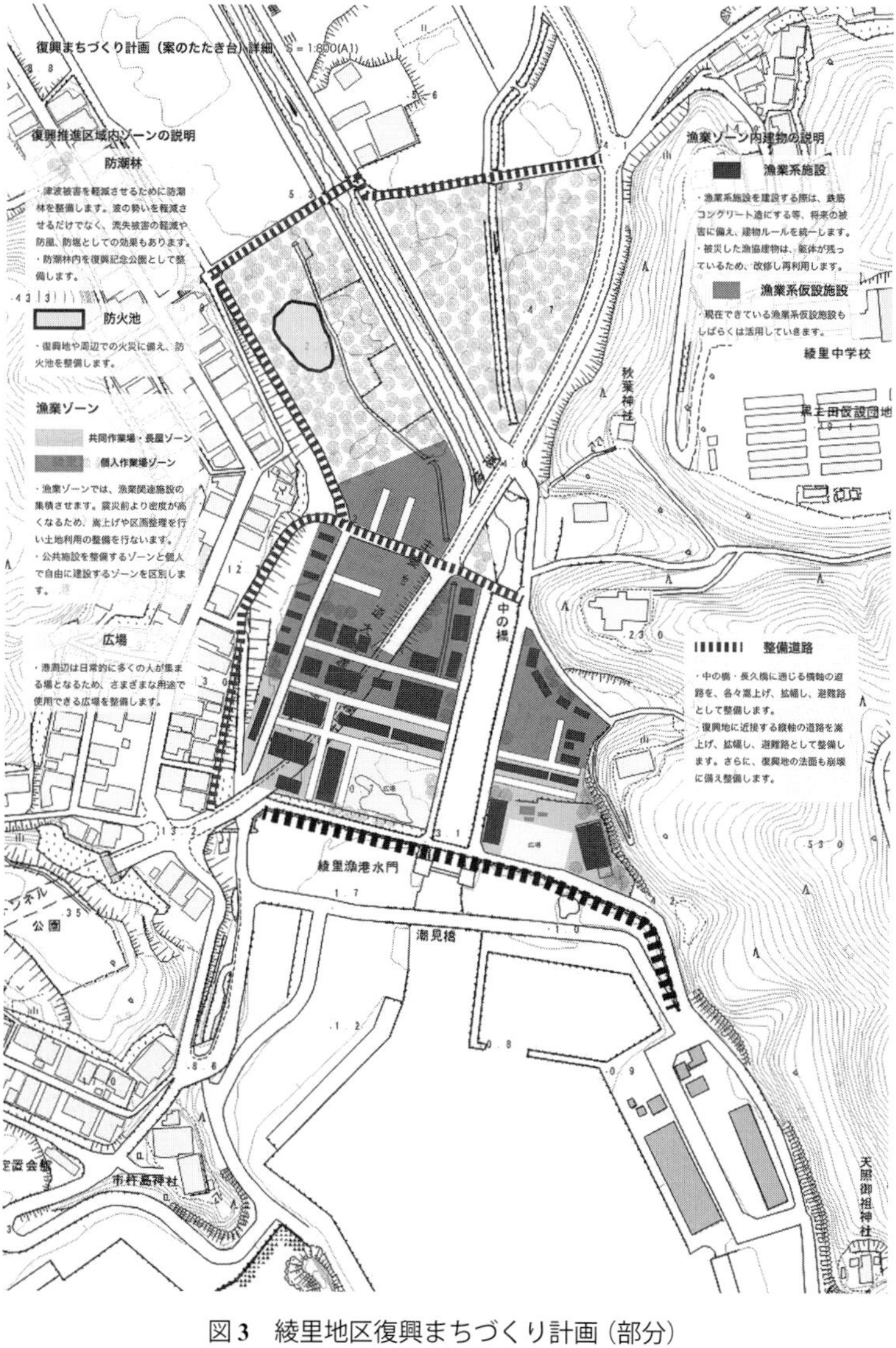

図 **3**　綾里地区復興まちづくり計画（部分）

多くの住民に話しかけられ、会話を通じてそれぞれの学生が復興の課題を把握する手がかりを得ることにつながった。

また、10名ほどの住民に依頼をして復興の課題のヒアリング調査も行った。地図をはさんで場所を確かめながら、普段の生活、浜や海の使い方、震災時の行動などを理解していった（写真2）。

②ガリバーマップ（2012年6月）

公民館のホールに地区の大きな地図を敷き、一日をつかって住民の復興に関する意見聴取を行った。この手法は「ガリバーマップ」（ガリバー地図）とよばれるもので、来場した住民が地図の上に乗り、自宅や仕事場を確かめつつ、地区の復興の課題となるポイントを話し、横についた研究室の

写真1　地形模型を囲んで意見交換する住民
模型は事前に東京で作成して現地に持ち込んだ.

写真2　学生による地域住民へのヒアリング
地図をはさんで場所を確認しながら行った.

学生がその言葉を付箋紙に書き取って地図の上に貼りつけていく、というものである。時間が経つごとに地図の上に意見が集積され、集約された情報を見て新しい情報を書き込む住民もいる。ここでも自然と地図の上に議論の輪が生まれていったことが印象的であった（写真3）。

③「逃げ地図」と「逆逃げ地図」（2012年7月）

①②はプランニングのなかでも情報収集の段階であるが、具体的に空間のプランをまとめる段階での手法をみる。道路網整備の検討の際に日建設計ボランティア部によって開発された「逃げ地図」の手法をここでは活用した。まず地図に東日本大震災の浸水域を示し、浸水域と道路の接点に印をつける。その印まで逃げれば安全である、という目安である。次いで浸水域の道路に色をつける。印まで3分間で到達できる道路を緑色、6分間で到達できる道路を黄緑色、9分間で到達できる道路を黄色、といった具合に印までの遠さで色を変えることにより、浸水域内の危険性の度合いが可視化される。これが「逃げ地図」であり、住民に実際に作業をしてもらう。「逆逃げ地図」は日常の道路の使い方を考えるための手法であり、逃げ地図とは逆に、港のなかで日常的に作業をしている場所に印をつけ、そこまで3分間で到達できる道路を緑色、6分間で到達できる道路を黄緑色と、集落内の道路のすべてに色をつけていくという作業である。

写真3　ガリバーマップを用いた意見聴取
住民が語った言葉を書き取って、地図上に貼りつけていく.

これを実際にある集落の道路整備計画で使った例を見てみよう（図４）。

この集落の防潮堤には震災前は２カ所に陸閘があったが、市が陸閘を１カ所にすることを提案し、前者のほうが利便性が高いと感じられるため、集落の意志決定ができない状況であった。私たちは１カ所と２カ所のそれぞれ場合について、まず「逃げ地図」を作成してどちらであってもこの集落の安全性が高いことを確認した。次いで「逆逃げ地図」を作成したところ、こちらもほぼ同じ結果であり、

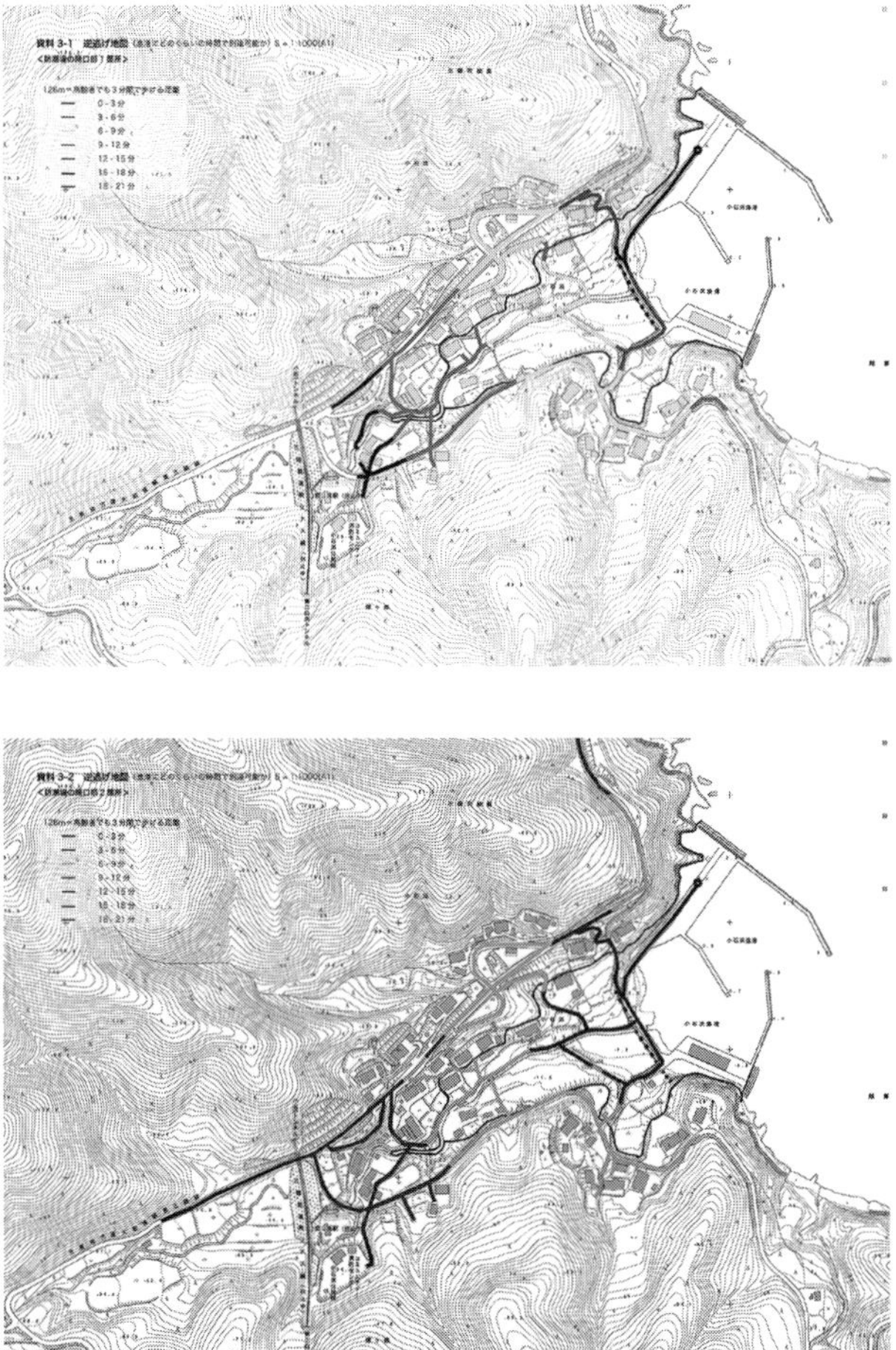

図 **4**　陸閘が **1** カ所の場合（上）と
2 カ所の場合（下）を比較した逆逃げ地図

数軒の利便性がわずかに変化するだけであった。これらの地図を住民とともに作成し、結果をその場で確認したうえで話し合いを行い、「ほとんど変わらないのならば、整備費が安く安全性の高い1カ所でよい」との合意形成がなされた。

④ 情報のフィードバック

各回の部会の成果は東京に持ち帰られ、研究室の学生の手によって図面にまとめられ、それらが2週間後の部会に示されながらプランニングが進められた。２０１２年の8月には研究室の学生が10日ほど現地に滞在し、その最初に部会を開き、その間にプランニングの作業を進め、最後にもう一度部会を開くことによって、最終的な案の調整が行われた。また、その成果は適宜「まちづくりニュース」にまとめられ、部会に参加できない住民に向けて、全戸配布によって周知された。このように情報のこまめなフィードバックを心がけた。

それぞれの部会ごとで積み重ねられた4〜5回のワークショップは、以上の４つを含むさまざまな手法を活用した。ワークショップでは参加する住民が活発に発言し、それらは地図や模型を媒介として集約され結論が出され、研究室の学生たちの手によって図面化されて、次回にフィードバックされた。このように「多数性を確保したうえで単数の結論を出すというサイクル」は実践され、一つ一つの場で決まったことが集約されたものが最終的なプランとなって、市長に提案された。

（4）フィールドワークから将来に向けての教訓をつくる

２０１３年5月に市長に提案をしたことで、プランニングの作業が一段落つくことになった。迅速さが要請されたため、それまで充分なフィールドワークを行っていなかったが、プランニングの過程で見聞きしたことを深く調査する必要があると私たちは感じていた。また、住民の間でも、将来にわたってどう津波の経験を伝えるかが議論になることがあった。復興計画はせいぜい10年分のプランニングに過ぎず、30年後か、50年後か、80年後か、いつになるかわからない津波に対しては、その射程距離は短い。「プラン」より射程の長い「教訓」を引き出すアーカイブをつくり出せないかということになり、復興委員会の協力を得て、腰を据えたフィールドワークを行うこととなった。調査のチームは、私の研究室の他に、富士常葉大学環境防災学部の学生などからなる混成チームを組成し、多数性を確保した。

調査は2013年の3月に、まず綾里地区内の一集落である小石浜を対象に行った。昭和三陸大津波以降の小石浜の変容を明らかにすることを目的として、最初は地域をよく知る方々に漁業や部落会等の集落全体の仕組みや変遷の話を聞き、ついで数チームに分かれて全世帯を対象に世代継承、仕事や住まいの変化、東日本大震災後の行動についてインタビューを重ねていった。その結果をまとめるアーカイブとして、集落の住民向けに「漁業」「空間」「仕事」「すまい」「避難行動」「避難生活」「復興」の7つの項目に整理し、全20ページの「小石浜の教え」という小冊子をまとめた。多くの住民に読んでもらえ、将来にわたって語り継がれるように、できるだけシンプルな言葉で伝えるようにまとめた（図5）。

小冊子に書いたことが今後30年、50年にわたって語り継がれていくものになるか、もちろんその時になってみないとわからないわけであるが、冊子という形に残したことで、将来に災害が起きた時には紐解かれるものになるのではないかと期待している。

また、あわせて小石浜では、具体的な空間にもアーカイブを残している。復興計画のプランニングが収束しつつあった2012年の11月より、津波浸水線上に津波到達地点の碑を設ける検討をスタートした。11カ所の碑の設置場所を決め、その材料については高価な石碑ではなく、山林から材料を調達できる、加工も地域のなかでできる、という理由から木碑を設置することとなった。その耐用年数は10年程度と想定されるが、それくらいの周期で新しいものに取り替えていくことが、集落のなかで記憶を継承していくことにもつながる、ということであった。２０１３年の３月に学生たちも手伝って11カ所の碑が建立された（写真４）。

写真４　津波到達地点を示す碑

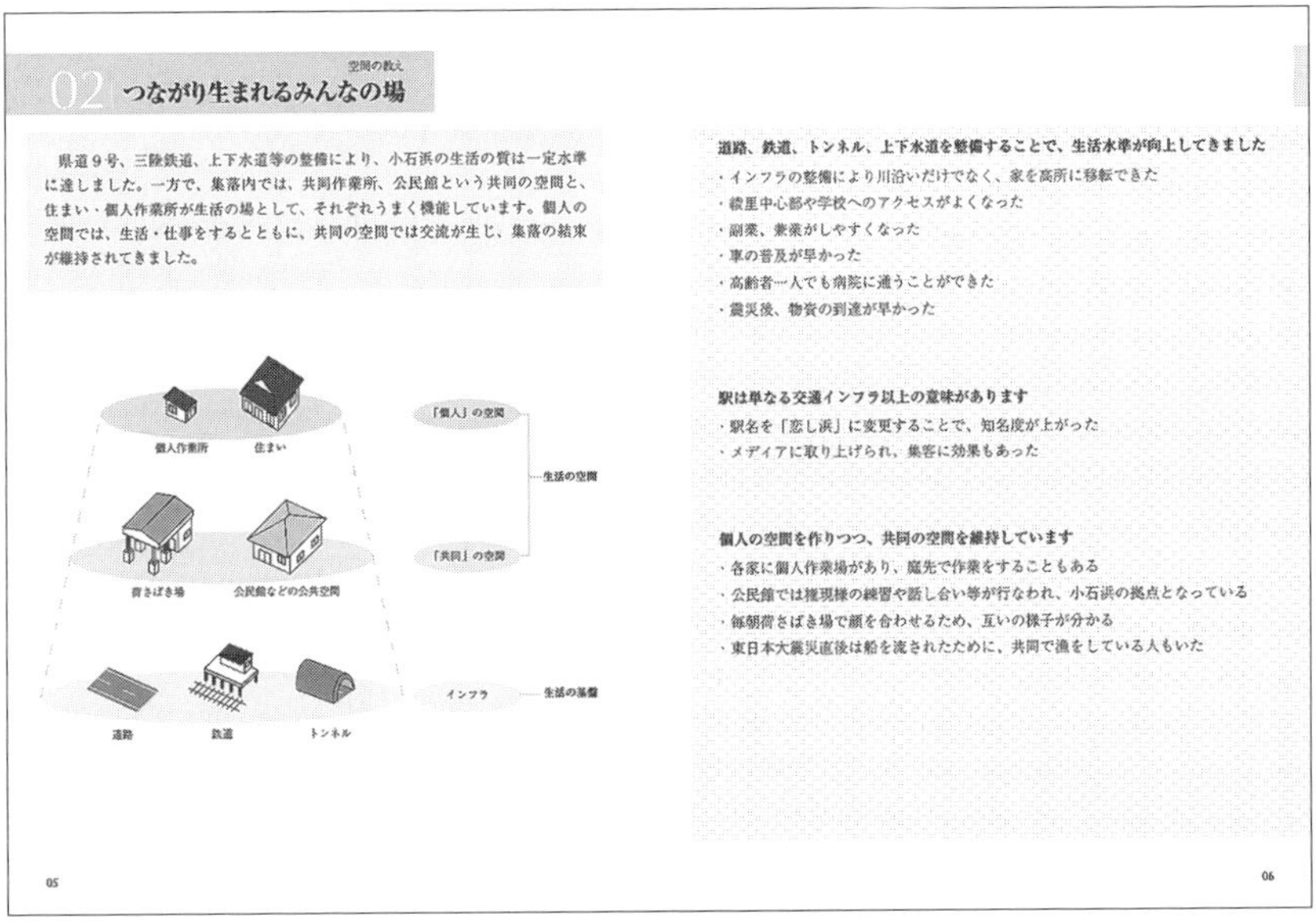

空間の教え
02 つながり生まれるみんなの場

県道９号、三陸鉄道、上下水道等の整備により、小石浜の生活の質は一定水準に達しました。一方で、集落内では、共同作業所、公民館という共同の空間と、住まい・個人作業所が生活の場として、それぞれうまく機能しています。個人の空間では、生活・仕事をするとともに、共同の空間では交流が生じ、集落の結束が維持されてきました。

道路、鉄道、トンネル、上下水道を整備することで、生活水準が向上してきました
・インフラの整備により川沿いだけでなく、家を高所に移転できた
・綾里中心部や学校へのアクセスがよくなった
・副業、兼業がしやすくなった
・車の普及が早かった
・高齢者一人でも病院に通うことができた
・震災後、物資の到達が早かった

駅は単なる交通インフラ以上の意味があります
・駅名を「恋し浜」に変更することで、知名度が上がった
・メディアに取り上げられ、集客に効果もあった

個人の空間を作りつつ、共同の空間を維持しています
・各家に個人作業場があり、庭先で作業をすることもある
・公民館では権現様の練習や話し合い等が行なわれ、小石浜の拠点となっている
・毎朝荷さばき場で顔を合わせるため、互いの様子が分かる
・東日本大震災直後は船を流されたために、共同で漁をしている人もいた

05　06

図５　小石浜の教え（部分）

二つの方法はどう実践されたか

このように、大船渡市綾里地区において、災害復興時の「フィールドワーク的なプランニング」を実践した。住民の意識が強く覚醒された災害時であるので、プランニングからスタートしやがてフィールドワークをするという逆転した順序で進み、プランニングに多数性を確保するために、研究室の複数の学生がかかわり、さまざまな手法を活用した住民参加型のプランニングを行った。

東日本大震災の復興において、各地で計画者と行政、あるいは住民のコンフリクトが起きている事例も少なくないと聞く。たとえばある地区では、とても行政が受け入れられないような提案を計画者がつくってしまった、ある地区では建築家が集会所を設計しただけで、住民が必要とすることについてのサポートを行わなかった、というような事例である。綾里地区では結果的に大きなコンフリクトはなかったが、その理由は地区を名実ともに代表する組織があり、組織の傘のもとで行政とも調整をしながらフィールドワークとプランニングを行えたことに尽きるだろう。こうした地域の内部組織の問題について、災害復興期に外部者ができることはあまり多くなく、さまざまな立場の住民に丁寧に参加を呼びかけていくしかない。

しかし、地域があらかじめまとまっていたとしても、フィールドワークとプランニングの過程でコンフリクトが生じてしまう事例もある。フィールドワークとプランニングの導入と進行にあたっては、計画者が特定の課題について偏った腹案をもたず、常に全体性を意識し、フィールドワークやプランニングの「土俵」そのものを柔軟に組み替えていくことが重要であるように思う。

綾里地区のプランニングにあたっては、検討が必要な課題を列挙したメモを作成し、復興委員会にも、参加者にも課題そのものの必要性を確認しながら議論を開始した。しかしそれは「仮の土俵」であり、当初にいくつか想定した課題のうち、話し合いを重ねるなかで棄却されてしまった課題もいくつかあるなど、土俵そのものの形が少しずつかわっていった。

フィールドワークについても同様で、アーカイブの7つの項目は、最初から準備されていたのではなく、最初は「集落の変容をすべて教えてほしい」というところから開始し、7つの項目が見えてきたのは、かなりあとの段階になってからである。プランニングやフィールドワークで明らかにすべき課題群の全体像はどのようなもので、現在に行っている作業はそのなかのどこに位置するものなのか、ということを常に意識し、プランニングやフィールドワークの組み立てそのものを柔軟に入れ替えていった、ということである。

本章で紹介した小さな漁村の取り組み(注1)が、災害復興におけるフィールドワークとプランニングに何らかの知見を提供することになれば幸いであると考えている。しかしもちろん、確立された手法体系を示したつもりもない。プランニングやフィールドワークの土俵そのものを柔軟に組み立て直すという形で、次なる実践につなげていただければ幸いであるし、私も次の現場では同じようにするつもりである。

注

（1）本章の題材とした綾里地区の復興については、被災した綾里地区の人たちとの協力関係において行われており、また、綾里地区の復興支援についてはトヨタ財団や東北大学等からの支援をいただいている。記して感謝の意を表したい。

参考文献

吉阪隆正・吉阪研究室（１９７５）発見的方法――吉阪研究室の哲学と手法 その1、「都市住宅」75年08号.

11 災害が露にする「地域のかたち」

スマトラの人道支援の事例から

山本 博之
YAMAMOTO Hiroyuki

調査のおみやげ失敗談

言葉が通じても意図が正しく伝わるとは限らない。外国語であればなおさらである。

私が大学院生だったとき、調査地に選んだマレーシアのサバ州で長期滞在を始めたばかりの頃、おみやげに関して失敗したことがある。日本に一時帰国すると伝えると、サバの友人たちが口を揃えて羨ましがり、おみやげは何がいいかを口々に論じ始め、私そっちのけで「日本人形がいい」という結論に落ち着いた。短い滞在期間中に日本人形を見つけられずに戻るととてもがっかりされたため、次に一時帰国したときは日本人形を探して買って帰った。ところが、サバに戻っておみやげを手渡すと、友人たちはみな「本当に買ってきた」と言いたげな困惑した顔になった。それでも、学生の私に人形代を払わせたままにするわけにはいかないし、もともと自分たちが頼んだのだからと、しぶしぶ顔でおみやげ代を払ってくれた。実際は一つ千円程度だったが、その金額は友人たちの数日分の稼ぎにあたるため、それよりかなり安い金額を伝えた。それでも友人たちにとってかなり痛い出費だったに違いない。

旅行に行く人におみやげをねだるのは、見知らぬ土地に行けて羨ましいという気持ちの表現方法で、どんなおみやげがほしいか具体的に言うのは相手が出かける土地に関心をもっていることを示すもてなしの気持ちからであって、実際には言われたおみやげではなく旅行先のお菓子などを買ってくるもので、それに対しておみやげを買ってきてくれなかったと文句を言うのもまた、もてなしの一つなのだとわかったのは、それからだいぶ経ってからのことだった。

言葉が通じても、その意図が適切に伝わるとは限らない。相手に何かをしてほしいと伝えるときはなおさらである。災害時の緊急支援のような一期一会の関係では、言葉の意図をはかるのはさらに難しくなる。

本章では、２００４年12月に発生したスマトラ島沖地震・津波（インド洋津波）で約17万３０００人の死者・行方不明者を出し、その後も地震・津波や火山の噴火などの災害が続くインドネシアのスマトラ島を対象に、災害発生時の緊急人道支援という角度から、災害時に現れる「地域のかたち」をどのようにとらえるかについていくつかの事例を紹介したい。それに先立ち、次節では支援における〈物語〉の役割について考えてみたい。

支援する〈物語〉、支援される〈物語〉

（1）被災者の言うことを聞くこと、被災者が言わないことを聞くこと

支援では、支援者が自分たちの都合で押しつけた支援内容ではなく、支援を受ける側のニーズ（必要）に応じて支援内容を考えることが重要である。そのため、支援対象者のニーズを知ることが支援の第一歩となる。

しかし、支援対象者のニーズを知るのは簡単ではない。支援対象者に何を必要としているか尋ねて

言葉で答えてもらうニーズ調査では、本当に支援対象者のニーズを適切に知ることができるか疑わしい。その理由はいくつかある。

第一に、人の欲求には限りがなく、あるニーズが満たされれば別のニーズが生まれる。支援対象者にニーズを尋ね続ければ、決して終わりは訪れないだろう。

第二に、人は自分が何を必要としているか適切に理解しているとは限らない。たとえば、貧困問題を解決するために何が必要かと尋ねられたら、ある人は教育だと答えるかもしれないし、別の人は事業を始める資金だと言うかもしれない。しかし、もしかしたらその地域に道路をつくることがその地域の経済振興を助けるかもしれない。常に当事者が事情を最もよく知っているとは限らないし、結局のところどの考え方が正しいかは結果が出てみなければわからないところがある。

第三に、「何が必要か」と問う方法でニーズ調査を行うと、質問者の意図を汲み取ってその意向にあわせて回答しようとすることも少なくない。質問者が提供可能なものとかけ離れた希望を言っても実現しないため、答える側は、質問者が与えられそうだと思うものを想像して答えることになる。私がスマトラの地震被災地で被災者に聞き取り調査をしようとすると、質問に答えてもらう前にまず私の素性についていろいろ尋ねられた。日本人であることはわかるが、投資先を探しているビジネスマンなのか、社会の問題を探しているジャーナリストなのか、知的好奇心を満たそうとしている研究者なのかによってどう答えるかが当然違ってくるためである。

支援対象者にニーズを直接尋ねることにもちろん意義はあるが、それだけではニーズ調査としては不充分である。それではどうすればよいのか。改めてニーズ調査の目的を考えるならば、支援対象者が満足する支援を行うためである。したがって、支援対象者が満足する支援を質問以外の方法で見つければよい。これに関連して、本章では支援をめぐる〈物語〉に注目する。

（2）人道支援と〈物語〉

人道支援には、記憶に残る支援と記憶に残らない支援とがある。

支援される側は、災害を契機に外部から突然やって来た見知らぬ人たちから理由も目的もわからず与えられる支援をただ受けるのではなく、支援される理由となる〈物語〉を求めている。〈物語〉といっても『源氏物語』のような文学作品のことではなく、特定のことがらの一部始終が系統だって主観的に語られたものを指す。現実にもとづいていても創作であってもよいが、それを自分たちの〈物語〉として語り継ぐことができれば、それは記憶される支援となる。これに関連してアチェ州の津波被災地で見聞きしたことをいくつか紹介したい。

アチェ州のバンダアチェ市L地区に住むNさんは、津波後に地区内の仮設住宅で暮らしていたとき、日本のNGO団体からコンロなどの製菓用具一式の供与を受けた。Nさんは津波前に夫を失っていたため、インドネシアの地元NGO団体からも「寡婦支援」の枠組みで優先的に住宅供与を受けた。しかし、この地元NGOが事業途中で撤退したため、供与された住宅は壁と屋根だけのお粗末な造りで、ドアもトイレも自費でつくらなければならず、完成にはほど遠いものだった（写真1）。私が年に2～3回Nさんを訪ねると、自力で建て直されていた家は少しずつよくなっていったが、そのたびにNさんから欠陥住宅への不満を聞かされた。

2008年8月、前回の訪問から約半年ぶりに訪ねると、Nさんの様子はすっかり変わっていた。日本のNGO団体のロゴを見ても何も思い出さず、菓子づくりのコンロや鍋はすべて自費で購入したと言う

写真1　建築途中で放棄されたNさんの住宅

ようになっていた。口癖のようだった欠陥住宅への不満は一切なくなり、かわりに高価な日用品を買ったことを半分得意げに話してくれた。その様子を見て、被災から3年が経って、「他人に与えられたもので暮らす被災者」から「自分のお金で必要なものを買う私」へという意識の変化があったように感じられた。

Nさんがコンロや鍋を自分で買ったと言ったのは、その後の様子を見ている限り、見栄を張ったり騙そうとしたりしたのではなく、半ば無意識に記憶が書き換えられたためのようだった。それと対照的に、北アチェ県にある漁村のK村では、津波から3年目に訪れたとき、津波直後にドイツのNGO団体によって漁船供与（写真2）や住宅再建が行われたことを村人たちがとてもよく覚えていた。ドイツのNGO団体がこの村を支援した理由として、1978年にこの村の沖合で起こった飛行機事故でドイツ人乗客が助かっており、そのためドイツのNGO団体が恩返しでこの村を支援対象に選んだと村人たちは語ってくれた。

写真2　K村ではドイツのNGO団体が漁船を供与した

このように、記憶が書き換えられ、失われていく記憶がある一方で、津波から3年が経っても記憶が失われず、むしろ集団内で共有されて強化されている記憶もある。記憶が維持されている事例で注目されるのは〈物語〉の存在である。〈物語〉になると、起こったことが正確に語り継がれるとは限らず、多少の脚色が加わるが、人びとにわかりやすい形で語られるため、語っている人びとも納得するし、聞いた人びとの記憶にも残る。その逆に、〈物語〉がないと人びとの記憶に残りにくく、記憶が書き換えられていくときに別の記憶に押しのけられ、忘れ去られてしまったりする。

被災者が〈物語〉を求め、ときに記憶の書き換えまで行っているのは、自分の身のまわりで何が起こっているかを納得したいためである。災害とは、親しい人や大切なもの、慣れ親しんだ景観などが突然失われる理不尽な出来事であり、災害に遭った人は納得を求める。ただし、納得したいのは津波による被害がなぜ発生したかだけではない。その後で大量に押し寄せた支援についても納得のいく説明を求めている。忘れられる支援と忘れられない支援の違いは、こういったところにあるように思われる。

（3）支援する側の〈物語〉

〈物語〉を求めているのは支援される側だけではない。支援する側も〈物語〉を求めている。

２００８年８月にアチェ州を訪れた際に、国際移住機関（ＩＯＭ）や日本赤十字社の国際スタッフが語った「支援現場が抱える最大の悩み」が印象的だった。支援現場にいると現地社会の全体的な状況が見えないし、本部が考える支援事業全体の中長期的な方針がわからないため、現場でどの方向にむけて調整を行えばよいかわからず、支援対象者の積極的な関与を求めにくいという。

事業の位置づけや方向性が必要なことは支援団体の本部も了解しているが、現場から離れて事情がわかりにくい本部に支援事業の位置づけや方向性を求めるのは酷だろう。他方で、現場のスタッフは日々の活動に追われており、位置づけや方向性を考えている余裕はない。このような状況で、本部はドナー（資金提供者）向けに説明しやすい報告を求め、現場では日々の活動への対応に追われながら本部にわかりやすい報告を行い、本部と現場の溝が広がっていく。

さらに、本部が実施する事業評価では、配給した物資に重複がないかといった「数えられるもの」

に焦点があてられる傾向があり、現場で行われている有意義な試みが掬いあげられることはほとんど期待できない。その一例を挙げれば、スマトラ島沖地震・津波で被災直後に多くの支援団体が州都バンダアチェ市に殺到したが、日本のＮＧＯ団体のいくつかはあえて情報の少ない（したがって報道陣が多く入っていない）アチェ州の西海岸に入って活動を行い、紛争下で治安当局と交渉を重ねながら事業サイトを拡大していき、このことが紛争下で軍事勢力による「囲い込み」のもとに置かれていた地域の開放につながったことがある（詳しくは西２０１４参照）。しかし、このような「数えられない」意義は人道支援業界の論理では評価されにくい。

支援される側の人びとにとって（そして支援する側の人びとにとっても）納得のいく支援は、質問票によるニーズ調査によってではなく、地元の論理にもとづいた〈物語〉に沿った解釈を得ることで可能になる。支援者は、支援現場のできごとを観察して〈物語〉を読み取る力を養うことで、地域社会全体におけるその支援事業の位置づけを把握できるし、それを支援対象者に届くような言葉で伝えることができるようになる。支援する側と支援される側は、互いに文化背景が異なるためにはじめはそれぞれ別の〈物語〉を語るかもしれないが、支援事業を進める過程で互いの〈物語〉を理解しあえば、新しい共通の〈物語〉をともに語ることも可能になる。

スマトラの「地域のかたち」

（１）地域研究の専門性

特定地域の言語や習慣に通じて地域社会を理解する地域研究者は、どのようにして〈物語〉を読み解いているのか。これは、地域研究の専門性は何かという問いと密接にかかわっている。

誤解されがちだが、地域研究者とはある地域の〈固有名詞〉をたくさん知っている人ではない。専門や研究テーマに応じて必要な〈固有名詞〉についての知識はもちろんあるが、それだけでなく、現地社会における〈一般名詞〉どうしの〈つながり方〉に関する理解がある人のことである。

〈固有名詞〉をたくさん知っているということは、その地域で何か情報やモノがほしいとき、迷わずどこに行けばそれが得られるかを知っているということだ。その力は平常時では威力を発揮するが、自然災害のように社会の秩序が大きく崩れているときには既存の〈固有名詞〉では充分に対応できない可能性がある。これに対し、〈一般名詞〉のつながり方を理解している地域研究者は、情報やモノがほしいとき、現場で何回か尋ねればどこに行けばよいかをおおよそ探りあてることができる。また、情報を単独で与えられたとき、何回かの聞き取りを通じて、与えられた情報の信頼度や妥当性を判断することができる。地域研究の専門性とは、いつ何を尋ねられても研究対象地域について詳しく答えられることではなく、現場で見聞きした事実の断片を組み合わせて、そこで何が起こっているかについての全体像（「地域のかたち」）を組み立てられることにある。

ある社会の〈一般名詞〉のつながり方を身につける特効薬はなく、その社会について書かれたものを読み、現地で実際に体験するしかない。そのことを踏まえて、ここでは災害対応のような緊急時ではなく平常時における準備として「参与観察」を挙げておきたい。改めていうまでもなく、参与観察とは、研究対象となる社会に数カ月から数年にわたって滞在し、その社会の一員として生活しながら、対象社会を直接観察して聞き取りなどを行う調査方法を指し、現地調査を主たる方法とする学問分野で取り入れられている方法である。ただし、観察者の存在が対象社会に影響を与えては客観的な観察ができなくなるという考えからか、観察者はあたかも無色透明な存在であるかの立場を取ることもしばしば見られる。

これに対して、ここで私が言う参与観察とは、対象社会のなかで何らかの立場または役割を積極的に引き受けて社会の一員となりながら観察することである。現地で就職するのでも家族をつくるのでもよいが、肝心なのは、何か不都合が生じても金銭のやり取りだけでは解消されない関係であること、そして数カ月から数年の間はその関係を自分から解消しにくい状況にすることである。このような立場に身を置き、いろいろな不都合を感じながらもその社会の一員としての範囲を逸脱せずに不都合を解消しようと工夫することで、その社会の一員としてのものの見え方が実体験として会得されることになる。

（2）「呼びかけ」に応答する地域研究

地域研究者は「地域のかたち」を把握する訓練を積んでいる。では、災害対応を効率的に行うためには、事前に地域研究者が世界各地の「地域のかたち」を持ち寄り、どこかに情報を登録していつでも引き出せるようにしておけばよいのか。この考え方が有効に機能する地域もあるかもしれないが、世界中のすべての地域について成り立つわけではない。それは、それぞれの地域は潜在的にさまざまな課題を抱えており、個々の災害によってそれらのうちどれが露になるか予測できないためである。また、地域研究者がふだん認識しているのは研究対象地域が抱えるさまざまな課題の一部に過ぎず、研究対象地域のすべての課題を明瞭な形で把握しているわけではないためでもある。

地域研究者が被災地を訪れても、被災地の状況を一見しただけで「地域のかたち」が明確な形で像を結ぶとは限らない。地域研究者は研究対象地域についてさまざまなレベルの情報をもっているため、一般の人が見れば違和感をもつことでも、地域研究者にとっては常識の範囲内であることも多く、その結果、地域研究者は現場で見るたいていのことに見慣れて驚かなくなっているためである。その地域の日常をあまり知らない防災や人道支援の実務者から質問の形で呼びかけを受けると、それに応答する形で地域研究者のなかで「地域のかたち」が明確化されることがある。

本節では、スマトラで発生した地震・津波災害を取り上げ、被災地で見られた違和感のある出来事について、地域研究者である私が防災・人道支援の実務者から質問を受け、それに応答する過程で「地域のかたち」を得た様子を紹介する（以下の2つの事例について詳しくは山本 2014参照）。災害を契機としてスマトラの「地域のかたち」を浮かび上がらせるとともに、地域研究者が「地域のかたち」を得る過程の例を示してみたい。

①米を捨てる被災者――2007年ベンクル地震

2007年9月に発生したベンクル地震（スマトラ島南西部沖地震）で、私は地震発生から2日後に現地入りして人道支援団体の初動調査に同行した。

ベンクル州での調査中、支援団体から米の供与を受けた被災者が、何かに怒って米袋を道路に叩きつけ、米を道路に撒き捨てる事件があった。この出来事はインドネシアの全国ネットのテレビニュースで繰り返し報道され、全国民の知るところとなった。これを見た支援団体の実務者がその地区の郡長に尋ねた質問は、この事件の背景や原因ではなく、「被災地の治安の状態はよいか」だった。この地域で支援事業を行った場合、支援者が住民に襲われる心配はないかという意味である。

被災地となったベンクル州の北部は、もともとあまり人が住んでいない未開拓の土地で、沿岸部や丘陵地にまばらに人が住んでいた。1980年代にアブラヤシ農園が開発され、それにともなって州都ベンクル市から隣接する西スマトラ州のパダン市まで結ぶ幹線道路がつくられると、幹線道路沿いが行政や商業の中心となり、人びとも幹線道路沿いに住むようになった。他地域から移ってきて日が浅く経済的基盤が充分でない人たちは沿岸部に住み、幹線道路沿いに住む人たちがもつ農園で働いたり漁船に乗ったりする仕事に就いており、幹線道路沿いの人びとと沿岸部に住む人びとの間で日常的に確執が存在していた。

この地震では、幹線道路沿いに住み、家屋の被害が比較的軽微だった人たちは、余震による自宅の倒壊を恐れ、自宅前にビニールシートなどで自家製のテントを張ってそこに寝泊まりした（写真3）。これに対し、沿岸部の住民は津波の恐れがあるため、自宅を離れて内陸の幹線道路まで行き、郡役所前やモスク前の広場に集団で避難した（写真4）。

報道関係者や支援者は幹線道路を車で走り、被災者を見つけると取材したり支援したりしていた。幹線道路沿いには自宅前に小さなテントを張って避難している人もたくさんいたが、集団で避難しているほうが目立つためか、沿岸部からの避難者がいるテントに立ち寄って情報を聞いたり支援を提供したりする支援者や報道関係者が増えた。しかし、沿岸部と幹線道路は別の郡に属しており、幹線道路沿いの自宅前に避難している人びとの目には、本来なら自分たちの郡に与えられるべき支援がよその郡から来た被災者に取られていると映った。そのため、郡役所前やモスク前の避難所への物資の配給をめぐって被災者どうしで小競り合いが起こり、ふだんから幹線道路沿いの住民との間

写真3　幹線道路に沿って自宅前にテントが並ぶ

写真4　空き地に張ったテントで数世帯が避難生活を送る

に確執があった沿岸部の被災者が支援物資の米を道に撒き捨てる事件が起こったのである。同じ場所に集まって避難していたとしても、被災者は決して均質な存在ではなく、被災前の関係が避難先の人間関係に影響を及ぼすこともある。

②尾根筋に住む人びと――２００９年西スマトラ地震

２００９年９月の西スマトラ地震の被災地となった西スマトラ州のパダンパリアマン県では、地震発生直後に現地入りして初動調査を行った工学の専門家による帰国報告会の場で、なぜこの地域では人びとは尾根筋に家をつくるのか、崖が崩れて危険だし水場からも遠いので不便ではないのか、との質問が出た。この質問を念頭に置いて現地調査を行うことで、この地域が、衛生的な水の確保およびそれと関連した衛生に関する知識の欠如、という課題を抱えていることがわかった。

この地震の主要な被災地であるパダンパリアマン県では、内陸部山地から沿岸部に向けて複数の川が流れ、それらの川に挟まれた尾根筋を道が通り、道に沿って集落が形成されている。毎年９月頃から12月頃までの雨季には降水量が多くなり、地崩れによって尾根筋を通る車道が寸断され、四輪車や二輪車では集落どうしの行き来が困難になる（写真５）。まるで大雨で川の流れが変化するかのように、大雨が降ると地崩れによって集落どうしを結ぶ道が閉ざされ、集落と集落を

写真５　雨が降るとオートバイの通行が困難になる

結ぶルートが変化する。また、ときには集落が地崩れにのまれることもある。

水は豊富にあるが、水量を充分に管理できないため、人びとは水場から遠い尾根筋に住居をつくらざるを得ない。このため、水が豊富な土地に住みながら、この地域の集落では水の確保が問題となる。どの家でもトタン屋根で受けた雨水を家のなかの水がめに溜めて利用している。雨水が充分に利用できる雨季以外は、生活用水を得るために谷まで降りて川に水を汲みに行かなければならない。

生活用水の問題は衛生の問題と直結している。雨季以外には雨水が充分でなく、衛生的な水を確保するという問題がある。各家庭では炊事、洗濯、水浴び、トイレがいずれも家の奥の水がめのそばにある狭い空間で行われており、少ない水を使いまわすこともある。この地震では、外見上は家屋に被害が少なく、居住には問題ないように見えても、多くの家の水がめが壊れており（写真6）、衛生的な水の確保に問題が生じた家庭が多かった。地震で家がほとんど壊れなかったために被害がほとんどなかったかのように見えても、家は住むためだけのものとは限らず、この事例のように水がめを兼ねている場合もある。

写真**6**　家のなかの水がめが地震によって壊れた

地域研究の三点測量

被災地で見られた違和感のある出来事を手がかりに「地域のかたち」を読み解く例を紹介したが、

既存の秩序が大きく崩れている被災地で得られた情報から意味を得るための万能の方法はない。その方法を定式化するのは難しいが、ここでは現地で情報を収集して〈物語〉を抽出する簡便な方法として地域研究における「三点測量」を紹介したい。

一般に、地域研究や人類学におけるフィールドワークでは、事前に対象社会の何人かと充分な信頼関係を築いてから調査を行う。その準備期間はときに数カ月から数年にわたることもある。しかし、緊急性をともなう災害対応の現場では、一日のうちに何カ所も被災地をまわり、はじめて出会った人びとから情報を収集して短期間のうちに全体像を把握しなければならないこともある。しかも、わざわざ被災地を訪れて話を聞くからには具体的な目的があるはずで、もしかしたら援助の案件を探しているかもしれないという期待を相手に抱かせた状態での調査となる。経済大国かつ援助大国である日本から来たとなれば、いくら自分は企業活動や援助政策と無縁だと言ったところで、目の前にある可能性はどんな小さなものにでも頼ろうと思う人たちによって「下心」をもって歓待されることが避けられない。

ふだんならなかなか会わせてもらえない政府高官にも簡単に会えるし、被災地に関するデータも惜しげもなく出してくれる。短時間で情報を集めやすいが、相手も意図があって伝えたいことを伝えているということを忘れてはならない。嘘をついたり騙したりしているわけではなく、こちらの関心を惹こうと話や情報でもてなし、ときにはやや大げさな話をすることもある。また、政府高官や有力者の話がその地域に住む一般の人びとの認識と食い違っていることもある。

何らかの情報を得たとき、現地滞在中の限られた時間で行える最低限の確認作業として、三つの異なる立場の人びとがその情報にどう反応するかを調べるのが三点測量である。三つの異なる立場とは、その情報によって直接の利益を最も多く得るであろう人びとと、その情報によって直接の不利益を最も大きく被るであろう人びと、そしてその地域社会のなかでもっとも弱い立場にいる人びとである。

第一の人びとを見つけるのは比較的簡単だろう。多くの場合、誰でも知っている地元の名士だろうし、もしかしたら面会した政府高官かもしれない。また、第二の人びとは、第一の人びとの政敵や商売上のライバルなどであり、第一の人びとが特定できれば見つけやすい。第一の人びとも第二の人びとも地域社会の有力者であることが多く、情報も集めやすい。

それに対して、その地域社会で最も弱い立場にいる人びとは、しばしばその存在が明示的に語られず、見つけにくい。仮に見つけられたとしても、思うことを語ってくれるとは限らない。うまく話してもらえる状況をつくるにはどのような工夫をすればよいかを、まず探り当てなければならないかもしれない。第一の人びとと第二の人びとから意見を聞く過程は、第三の人びとがその地域社会のどこにいるかを探りあてるとともに、どのようにすればその人たちの声を聞くことができるかを探り出す過程でもある。

地域のかたちを読み解く力

災害は、日常から切り離された特殊な時間の特殊な出来事ではなく、日常の延長である。私たちが暮らす社会は潜在的な課題を抱えているが、私たちはあたかもそれらの課題がないかのように日常生活を営んでいる。災害は、潜在的な課題を抱える社会に外力が加わることで、その社会が抱える潜在的課題を人びとの前に露わにするため、社会で最も弱い部分に最も大きな被害を与える。したがって、もし被災前の状態に戻すことを復興の目標にすれば、その社会が被災前に抱えていた課題も元に戻すことになってしまう。そうではなく、その社会が被災前にどのような課題を抱えていたかに目を向け、その課題の解決を含めてよりよい社会をつくる創造的な復興が必要である。

災害は、人命や財産や景観や記憶などさまざまなものを奪う理不尽な出来事であるが、その一方で、社会が抱える課題を人びとの目の前に露にし、しかも外部社会の人びとにも介入する機会を与えるという意味で、被災した社会が外部社会とつながる「人道の扉」を開く機会ともなる。しかし、「人道の扉」が開くのは被災直後の一瞬のことである。被災直後には、被災地の内外の人びとが集まり、災害ユートピアとよばれる状況が生まれるが、緊急段階から復興段階へと移る過程で災害ユートピアは解消される。復興段階に入ると地元社会のあり方に規定される部分が大きくなり、被災前の状況に戻そうとする力が働くことになる。

本章ではこれまで「地域研究者は」と書いてきたが、地域研究者とは特別な訓練を受けて資格を取り、大学や研究所などの専門機関に所属して活動する人びとだけを指しているわけではない。現実社会の諸課題の克服に関心を向け、世界規模の視野を持ちながら、個別の地域の課題から取り組もうとしている人びとはみな地域研究の素養がある。どの分野の専門家であれ、具体的なフィールドを持って課題解決に取り組むには地域研究的想像力が欠かせない。「人道の扉」が閉じる前の一瞬の隙をとらえて被災地に飛び込み、災害によって露になった「地域のかたち」を読み解く力は、緊急人道支援の専門家だけでなく、この時代に生きる私たちがみな身につけるべきものではないだろうか。

参考文献
西芳実（２０１４）『災害復興で内戦を乗り越える――スマトラ島沖地震・津波とアチェ紛争』京都大学学術出版会.
山本博之（２０１４）『復興の文化空間学――ビッグデータと人道支援の時代』京都大学学術出版会.

編集後記

「FENICS 100万人のフィールドワーカーシリーズ」全15巻のなかで、第5巻『災害フィールドワーク論』はやや異色の存在かもしれません。フィールドワークの方法論や魅力を綴ることに加え、「災害」「地域」という共通した明確なターゲットを掲げているためでしょうか。本巻には、その地域で起こる災害のすがた、あるいは災害を通じてみえる地域のすがたをフィールドワークにもとづいて理解しようとする、体当たりのような試行錯誤の具体像が描かれています。

企画から編集までのプロセスをふり返ると、フィールドのとらえ方が調査者によって異なる一方で、分野が違っても考えていることは近い、と感じた多くの瞬間を思い出します。災害直後の現場、復興の現場、あるいは地域のすがた、担い手など、さまざまな側面で各章が相互に連関しあい、全体として本巻が一つの方向に向かっていること、そして分野横断型の学際的取り組みの重要性をあらためて強く認識しながら、出版に至る各プロセスを一つ一つ前向きにすすめることができました。地域性に応じた柔軟な取り組みや「みえてくる」というスタンス、調査者の問題意識とその移り変わりも印象に残っています。

そのほかにも、調査災害、現地への恩返し、あるいは調査と心理、調査対象（者）との出会い、阪神・淡路大震災と私など、共通するトピックがいくつもありました。そこで、これらに関連する「コラム」を設けようという話も出ましたが、編者の力及ばず断念しました。唯一悔やまれる点です。

本巻を読むとわかるように、調査者はその土地にどっぷり浸かり、地域のもつ濃密で（それがたとえ無形のものであっても）手ざわりのある、きわめてローカルな知見、文脈、あるいは関係性のディテールを見出していきます。地震や火山噴火など地域の自然環境を調べる場合であっても、その土地の「声」に耳を傾け、記載し、意味を見出していく点で、本質的に変わりません。そして、見出されるディテールは驚くほどの多様性を示し、かつ一つ一つが示唆に富んでいます。

その一方で調査者は、災害あるいは地域の問題に関し、何らかの普遍的な原理原則への体系化、そして成果の社会的還元をもちろん考えていきます。そのため、見出されるディテールを、歴史性と地域性、経済および社会状況、地域のかたちなどの観点から一般化しようと努力しています。地域と地域の「バトン」をつなごうとするわけです。

こうした取り組みは部分的には成功しているように思います。しかし、フィールドワークにおいて見出されるディテールが災害あるいは地域の個性を色濃く反映する以上、一般化は決して容易ではありません。それでも調査者は、学際的視点の重要性を認識しながら、試行錯誤しつつ模索を続けています。

今後に向けた鍵の一つとして、ディテールを見出すプロセスの現場において多分野からの視点をいかにもつか、という点が挙げられるかもしれません。ある分野のスタンダードな方法では情報とはみなされないピースが、他の分野ではむしろ重要な情報である、といった例が本巻でも紹介されています。フィールドワークの方法論に正解はないかもしれませんが、少なくとも災害や地域を考える場合には、分野横断型の学際的なフィールドワークを現場で行う取り組みが今後ますます重要になってくるでしょう。地域の個性を踏まえたうえで「地域を超える」歩みをすすめていく必要があります。

２０１１年東北地方太平洋沖地震以降、課題が山積する現状のなかで、災害のフィールドワークに携わる方や隣接関連分野の方、あるいはこれから調査をはじめようとする学生の皆さん、災害や地域に興味ある生徒の皆さんにとって、本巻が価値あるものになるよう願っています。

末筆ながら本シリーズの取りまとめを担う東京外国語大学の椎野若菜氏、そして古今書院の関 秀明氏に深く御礼申し上げます。

杉戸信彦・木村周平・柄谷友香

饗庭《あいば》 伸《しん》　　第10章執筆

1971年生まれ，兵庫県出身．**最終学歴**：早稲田大学理工学研究科建設工学専攻博士後期課程修了，博士（工学）．**勤務先**：首都大学東京都市環境学部．
調査地：岩手県大船渡市綾里地区．**専門**：都市計画とまちづくり．
主な著作：共著『白熱講義　これからの日本に都市計画は必要ですか』，学芸出版社，2014年．共著『初めて学ぶ都市計画』，市ヶ谷出版社，2008年．共著『地域協働の科学』，成文堂，2005年．
フィールドにもっていく必需品：スケッチブック．
フィールドでの息抜き：散髪屋さんに行き，世間話をします．

山本《やまもと》 博之《ひろゆき》　　第11章執筆

1966年生まれ，千葉県出身．**最終学歴**：東京大学大学院総合文化研究科博士課程満期退学，博士（学術）．**勤務先**：京都大学地域研究統合情報センター．
調査地：マレーシア，インドネシア．**専門**：災害対応の地域研究．
主な著作：単著『復興の文化空間学 — ビッグデータと人道支援の時代』京都大学学術出版会，2014年．
フィールドにもっていく必需品：基本的にふだん大学に行く格好と持ち物のままフィールドに行く．とくに挙げるなら，デジカメとGPSキット（乾電池を忘れずに），そしてカメラマンベスト（一見して部外者とわかってもらえるため）．
フィールドでの息抜き：屋台や喫茶店で同席した人との世間話．地元の本屋やDVD屋に行くこと．市場やスーパーマーケットで品揃えを見ること．

田中《たなか》 聡《さとし》　　第 6 章執筆

1963 年生まれ，神奈川県出身．最終学歴：早稲田大学大学院理工学研究科建設工学専攻後期博士課程修了，博士（工学）．
勤務先：常葉大学大学院環境防災研究科．調査地：災害が発生したところならどこでも（たとえば，神戸，小千谷，輪島，柏崎，東北沿岸，フィリピン，インドネシア，アメリカ…）．
専門：都市防災学．
主な著作：共著『災害エスノグラフィー』（林春男・重川希志依と共著）NHK 出版, 2009 年．
フィールドにもっていく必需品：マスク，うがい薬（体調管理が一番）．
フィールドでの息抜き：調査終了後の一杯（場所によってはアイスティーになってしまうこともあります）．

大矢根《おおやね》 淳《じゅん》　　第 7 章執筆

1962 年生まれ，東京都出身．最終学歴：慶應義塾大学大学院社会学研究科社会学専攻後期博士課程修了，社会学修士．勤務先：専修大学人間科学部社会学科．調査地：雲仙・普賢岳噴火災害直接被災地・上木場, 兵庫県神戸市長田区御蔵通 5･6･7 丁目(阪神・淡路大震災), 宮城県石巻市・岩手県大槌町（東日本大震災）．専門:災害社会学, 地域社会学, 社会調査論．
主な著作：共編著『災害社会学入門』,『復興コミュニティ論入門』弘文堂，2007 年．
フィールドにもっていく必需品：ノート，カメラ＋ IC レコーダー（スマホ一台には任せられません）．
フィールドでの息抜き：昨日まで就寝前に読んでいた文庫本．被災地での高ぶりをリセットするために，その同じ文体・世界に浸ることが効果的！

嶋野《しまの》 岳人《たけと》　　第 9 章執筆

1972 年生まれ, 東京都出身．最終学歴:東京大学大学院理学系研究科博士課程修了, 博士(理学)．勤務先：常葉大学大学院環境防災研究科．調査地：諏訪之瀬島，桜島，富士山，明神礁（海底火山）など．専門：火山学，地質学，岩石学．
主な著作：共著「諏訪之瀬島火山地質図 1:200,000」（火山地質図 17）（下司信夫，小林哲夫と共著）産業技術総合研究所地質調査総合センタ，2013 年．
フィールドにもっていく必需品：本文参照（＋楽しむ心）．
フィールドでの息抜き：常宿で手伝いすること，島の行事に参加すること．

【分担執筆著者】

澤田《さわだ》 雅浩《まさひろ》　　第2章執筆

1972年生まれ，広島県出身．最終学歴：慶應義塾大学大学院政策・メディア研究科後期博士課程単位取得退学，博士（政策・メディア）．勤務先：長岡造形大学造形学部建築・環境デザイン学科．調査地：自然災害による被災地（新潟県中越，岩手県大船渡市，台湾中部など）．専門：都市防災，災害復興計画．
主な著作：分担執筆『都市計画とまちづくりがわかる本』彰国社，2011年．分担執筆『改訂版　都市防災学』学芸出版社，2013年．分担執筆『巨大地震災害へのカウントダウン～東海・東南海・南海地震に向けた防災戦略』東京法令出版，2009年．
フィールドにもっていく必需品：GPS付きデジタルカメラ（現在はNIKON COOLPIXS9700），野帳，3色ボールペン（Jetstream），青色水性ペン（PILOT V corn），地形図．
フィールドでの楽しみ：地元食材に溢れる居酒屋で焼酎のボトルキープをすること（国内）．

林《はやし》　能成《よしなり》　　第4章執筆

1968年生まれ，東京都出身．最終学歴：東京大学大学院理学系研究科地球惑星科学専攻博士課程修了，博士（理学）．勤務先：関西大学社会安全学部．
調査地：インドネシア、愛知県三河地方，紀伊半島沿岸．専門：地震学，地震防災．
主な著作：分担執筆『スマトラ地震による津波災害と復興』（Ⅳ-1 津波災害体験談の収集と活用）（高橋誠・田中重好・木股文昭編）古今書院，2014年．『巨大地震の科学と防災』（金森博雄著，瀬川茂子・林能成構成）朝日新聞出版，2013年．共著『三河地震60年目の真実』（木股文昭・木村玲欧と共著）中日新聞社，2005年．
フィールドにもっていく必需品：広角が強いコンパクトデジカメ（現在はFUJIFILMのXF1を愛用）．
フィールドでの息抜き：市場に行って土地の魚や野菜を楽しむこと．

佐藤《さとう》 翔輔《しょうすけ》　　第5章執筆

1982年生まれ，新潟県出身．最終学歴：京都大学大学院情報学研究科社会情報学専攻博士後期課程修了．勤務先：東北大学災害科学国際研究所．調査地：東日本大震災の被災地（石巻市，東松島市，名取市，亘理町など）．専門：災害社会情報学．
主な著作：分担執筆『東日本大震災を分析する2　震災と人間・まち記録』，明石書店，2013年．
フィールドにもっていく必需品：ネームタグ（ネックストラップ，怪しい人と思われないように）．
フィールドでの息抜き：移動車のなかでの一人カラオケ．

【編者】

木村《きむら》 周平《しゅうへい》　第3章，イントロダクション，編集後記執筆

1978年生まれ，愛知県出身．最終学歴：東京大学大学院総合文化研究科博士課程中退，博士（学術）．勤務先：筑波大学人文社会系．調査地：トルコ（イスタンブル），日本（岩手県沿岸部）．専門：文化人類学，科学技術社会論．
主な著作：単著『震災の公共人類学：揺れとともに生きるトルコの人びと』世界思想社，2013年．共編著『リスクの人類学：不確実な世界を生きる』（東賢太朗，市野澤潤平，飯田卓との共編）世界思想社，2014年．
フィールドにもっていく必需品：使い勝手のよい、無地か方眼で表紙の厚いノート．
フィールドでの息抜き：こっそり一人で飲むホットコーヒー．

杉戸《すぎと》 信彦《のぶひこ》　第8章，イントロダクション，編集後記執筆

1978年生まれ，愛知県出身．最終学歴：京都大学大学院理学研究科地球惑星科学専攻博士後期課程修了，博士（理学）．勤務先：法政大学人間環境学部．調査地：長野盆地，邑知潟平野，糸静，大阪平野，名古屋，モンゴル，南海トラフほか．専門：変動地形学・古地震学．
主な著作：論文「空中写真の実体視判読に基づく2011年東北地方太平洋沖地震の津波浸水域認定の根拠」杉戸信彦ほか，自然災害科学31，2012年．
フィールドにもっていく必需品：空中写真・地形図・野帳・カメラ・ねじり鎌・コンベックス・クリノメータ・サンプリング用品など．
フィールドでの息抜き：ビューポイントにて地形を展望．

柄谷《からたに》 友香《ゆか》　第1章，イントロダクション，編集後記執筆

1972年生まれ，兵庫県出身．最終学歴：京都大学大学院工学研究科土木システム工学専攻単位取得退学，博士（工学）．勤務先：名城大学都市情報学部．調査地：自然災害による被災地・復興地（岩手県陸前高田市を含む東北沿岸部，鹿児島県さつま町，タイ・プーケットなど）．専門：都市防災計画，リスク・コミュニケーション．
主な著作：分担執筆『防災を考える ― 水・土砂災害適応策の深化に向けて ―』技報堂出版，2012年．分担執筆『みんぱく実践人類学シリーズ9 自然災害と復興支援』明石書店，2010年．
フィールドにもっていく必需品：ボランティア活動グッズ（ボランティア保険，軍手，厚底靴，マスク，消毒液など），野帳（土木測量の必須アイテム）．
フィールドで学んだこと：急激な環境の変化に適応するヒトの力強さ（レジリエンス）．

【編者】
木《き》村《むら》 周平《しゅうへい》　筑波大学人文社会系勤務
杉《すぎ》戸《と》 信彦《のぶひこ》　法政大学人間環境学部勤務
柄谷《からたに》 友《ゆ》香《か》　名城大学都市情報学部勤務

FENICS（Fieldworker's Experimental Network for Interdisciplinary CommunicationS）

シリーズ全 15 巻監修　椎野若菜

FENICS は学問分野や産学の壁にとらわれずフィールドワーカーをつなげ，フィールドワークの知識や技術，経験を互いに学びあい，新たな知を生み出すことを目指すグループ（NPO 法人申請中）です．フィールドワークをしている，フィールドワーク／フィールドワーカーに興味のあるあなたも FENICS に参加してみませんか？ まずは以下の Web サイトをたずねてみてください．登録して会員になると，フィールドワーカーから Web 上で，メルマガで，あるいはイベントで生の情報を得ることができます。下記の HP にアクセス！

http://www.fenics.jpn.org/

FENICS 100 万人のフィールドワーカーシリーズ　第 5 巻

書　名	**災害フィールドワーク論**
コード	ISBN978-4-7722-7126-4
発行日	2014（平成 26）年 9 月 9 日　初版第 1 刷発行
編　者	木村周平・杉戸信彦・柄谷友香

装　丁	有限会社 ON　臼倉沙織　http://www.on-01.com
発行者	株式会社 古今書院　橋本寿資
印刷所	株式会社 理想社
製本所	株式会社 理想社
発行所	古今書院　〒 101-0062 東京都千代田区神田駿河台 2-10
TEL/FAX	03-3291-2757 / 03-3233-0303
ﾎｰﾑﾍﾟｰｼﾞ	http://www.kokon.co.jp/　検印省略・Printed in Japan

1 フィールドに入る
椎野若菜・白石壮一郎 編

どうやって自分の調査地に入っていったのか? アフリカの農村から北極南極の雪原まで、調査初期段階のエピソードを中心に紹介。現地の協力者と出会い、多くを教えられ調査地になじんでいく過程を描くシリーズ入門編。

2 フィールドの見方
増田研・梶丸岳・椎野若菜 編

学問分野が異なれば、同じものを見ても、同じ場所にいても、同じテーマを扱っていても、考え方や分野の違いによってフィールドを見る眼が違ってくる。違いのおもしろさを発見し、研究の新たな可能性を探る。

3 共同調査のすすめ
大西健夫・椎野若菜 編

文理横断型の学際的な共同調査に参加することで、どのようなことに悩んだり苦労したのか、そして、どのような発見と自身の成長があったのか。フィールドワーカーの葛藤と飛躍を、共同調査の経験者たちが語る。

4 現場で育つ調査力
増田研・椎野若菜 編

フィールドワーカーの養成と教育がテーマ。初学者である学生に関心をもってもらうための工夫、専門家養成のためのさまざまな試みを披露する。調査技術の体系的伝授が先か? それとも現場力や行動力が重要なのか?

5 災害フィールドワーク論
木村周平・杉戸信彦・柄谷友香 編

被害軽減という社会的な課題のために、狭い分野にとらわれない多様なアプローチが災害調査には求められる。さまざまな分野のフィールドワークを見渡すとともに、災害の地域性を考えていく。

6 マスメディアとの交話
椎野若菜・福井幸太郎 編

研究成果を発信するとき、フィールドワーカーはマスメディアとかかわりをもつ。メディアに対して、どのようなスタンスをとればよいのか? 報道の結果に対して調査者たちはどのような意見をもっているのか?

7 社会問題と出会う
白石壮一郎・椎野若菜 編

調査をすすめていく過程で、その地域の社会問題と向き合わざるをえなくなったとき、フィールドーワーカーは何を感じ、どう行動したのか? 調査を通して社会問題が姿を変えながら浮上する局面を生き生きと伝える巻。

8 災難・失敗を越えて
椎野若菜・小西公大 編

予期せぬ事態にどう対応したのか? フィールドワーカーたちは、想定外の事件に遭遇したり、命の危険があるほどの失敗があっても、現場に対処しながらくぐりぬけている。今だから語れる貴重な体験談がおもしろい!

9 経験からまなぶ安全対策
澤柿教伸・野中健一 編

天変地異、病気、怪我、事故、政変、喧嘩など、予期せぬさまざまな危険からどう身を守るのか。「予防」と「対策」をテーマにした実用的な巻。個人レベルから組織レベルまで、安心安全のための知識と方法と教訓が役立つ。

10 フィールド技術のDIY
的場澄人・澤柿教伸・椎野若菜 編

現場での調査観測は、必ずしも予定通りに進まないことが多い。また思わぬ事象、現象、資料に遭遇することもある。想定外のチャンスを、現場で、また研究室でどのようにものにしたのか。その苦労、工夫を紹介する。

11 衣食住からの発見
佐藤靖明・村尾るみこ 編

現地の衣食住とかかわることで、思いがけないプラス効果やマイナス効果に出会う。その先に、次なる展開がまっていることも。衣食住をきっかけに、フィールドワーカーが成長し、研究テーマを深めていく過程を描く。

12 女も男もフィールドへ
椎野若菜・的場澄人 編

ジェンダーとセクシュアリティがテーマ。女性の苦労、男性の苦労、妊娠・出産・子育てしながらの調査、長期の野外調査と家庭の両立など、フィールドワーカーの人生の試行錯誤が語られる。

13 フィールドノート古今東西
椎野若菜・丹羽朋子・梶丸岳 編

情報化が進み、世界中のデータがデジタル化される現代にあっても研究者は手書きで記録を取っている。フィールドでの記録の手法を学際的に比べることで、フィールドノートのさらなる発展を期することを目指している。

14 フィールド写真術
秋山裕之・小西公大・村田悟 編

写真撮影を上達したいフィールドワーカーのために、一眼レフカメラによる写真撮影の基礎から、フィールドでの撮影条件を意識した主題を的確に描写するためのテクニック、芸術性の向上につながる写真術について概説。

15 フィールド映像術
分藤大翼・川瀬慈・村尾静二編

映像についての理論編、制作編、応用編からなり、フィールドワーカーが映像を活用するにあたっての注意点から、現地の人びとともにつくる映像、自然・動物を相手にした映像まで分野を横断したフィールド映像術。